« L'Amérique vue par un immigré »

Écrit par David Kissi

Traduit de l'Anglais par
Christophe Demarcq

L'Amérique vue par un immigré

Copyright 2021 © David Kissi

Toutes les informations, techniques, idées et concepts contenus dans cet ouvrage sont de nature à exprimer seulement un témoignage à destination du grand public et n'ont pas pour intention de prodiguer des conseils individuels. Le but est d'offrir une variété d'informations pour élargir la possibilité de choix qui se présentent à nous dans le présent et à l'avenir, en comprenant bien que nous avons tous des circonstances particulières et des opinions personnelles. Si un lecteur décidait d'utiliser les informations contenues à l'intérieur du livre, ce serait sa décision seule. Les contributeurs (et leurs sociétés), les auteurs et les éditeurs déclinent toute responsabilité des conséquences qui pourraient en découler. Il est recommandé au lecteur d'agir en fonction de son opinion personnelle propre.

Première édition 2021

ISBN : 9798326627353

Tous droits réservés sur tous supports. Aucune partie de ce livre ne peut être utilisée, copiée, reproduite, présentée, entreposée, communiquée ou transmise sous n'importe quelle forme par n'importe quel moyen sans en avoir obtenu au préalable une autorisation écrite, excepté dans le cas de citations incrustées dans des critiques ou des articles de presse.

Le droit moral de David Kissi en tant qu'auteur de ce travail a été revendiqué par lui-même en accord avec la loi de 1988 sur le droit d'auteur, les dessins et modèles et les brevets. Les opinions exprimées dans ce livre appartiennent à l'auteur et n'ont aucun rapport avec l'éditeur.

Les souvenirs d'un homme noir ayant émigré jeune en Amérique.

Prologue

Comme vous allez vous en rendre compte, mon livre ne ressemble à aucun autre. Ainsi, vous n'entendrez pas tous les jours certaines anecdotes que je vais vous narrer. Mon livre se veut percutant, mais il n'est pas rempli de clichés. Pour rester objectif et juste, l'ouvrage inclut des remarques et des articles positifs sur la police, le Nigeria, la présence du gouvernement américain au Viêt-Nam, les Afro-Américains et les

Africains sur le continent et en Amérique du Nord.

Par l'intermédiaire de ce livre, j'ai l'intention d'informer les Américains et les étrangers à propos de la grande promesse exprimée par l'Amérique au sujet de l'égalité des droits pour tous. Mon but n'est pas de mettre en avant des clichés, mais plutôt d'améliorer la compréhension globale.

Maintenant, bien que ce livre puisse aider à étudier le monde des Blancs, cela nous conduit aussi à nous intéresser aux raisons qui expliquent l'arrivée d'immigrés en Amérique. À un moment donné, un immigré doit effectuer un bilan et se demander si cela valait vraiment la peine de venir vivre dans une Amérique dont il ignorait certaines facettes.

Un autre sujet que je vais mentionner concerne le Nigeria. Beaucoup de Nigérians ne souhaitent pas parler de la vie dans leur pays à cause des enlèvements et des crimes qui y sont commis.

Mais ce peuple a le potentiel de faire de son pays, un jour, une puissance africaine inspirante. Et un moyen de s'en rendre compte est de lire leur histoire que je vous présente dans ce livre. Des membres de ma famille vivent encore au Nigeria.

Il faut bien être conscient qu'il existe des personnes qui essaient de museler les gens qui essaient d'exprimer leur point de vue en les cataloguant comme des racistes. Mais je pense que ce livre devrait contribuer à mettre de côté les stéréotypes et à alimenter un débat adulte sur des sujets comme la vie des Africains sur leur continent, celle des Afro-Américains en Amérique du Nord et le fonctionnement du monde des Blancs.

Il y a tant d'enseignements que l'on peut transmettre. Par exemple, en tant qu'Africain, je peux vous affirmer que la pauvreté en Afrique s'explique par le fait que les gens ont un mode de pensée négatif. En effet, autour d'eux, ils ne voient que de la nourriture de mauvaise qualité, de l'eau non potable, des hôpitaux en mauvais état, des écoles de bas niveau, un manque d'hygiène et une espérance de vie trop faible. Ils ne voient pas les aspects positifs au-delà de l'insalubrité à laquelle ils sont confrontés quotidiennement dans leur société. L'aspect psychologique qui se cache derrière la misère est la raison pour laquelle les Africains ont été laissés en retrait. Voilà quelque chose que des gens ignorent, en particulier les Occidentaux.

Mon impression sur l'Amérique, basée sur la combinaison de la perspective des Blancs et sur le monde des non-Blancs, est résumée dans la conclusion du livre.

Table des matières

INTRODUCTION 17

CHAPITRE 1 : OÙ SE SITUE LE GHANA ? 23

CHAPITRE 2 : L'EXEMPLE D'UNE FAMILLE ÉLARGIE AKAN

29

LES ADOMAKOS 57

CHAPITRE 3 : ACCRA APRÈS 1950 68

SOUVENIRS DE MON ENFANCE EN AFRIQUE 75

LA MÉDECINE EN AFRIQUE 78

LE CORPS DE LA PAIX 86

DEUXIÈME PARTIE : VENIR EN AMÉRIQUE 91

CHAPITRE 4 : NOTRE SYMPATHIQUE VOISIN, LE NIGERIA

92

Chapitre 5 : La première impression d'un étranger sur l'Amérique — **104**

Chapitre 6 : Direction le Nord vers la Nouvelle-Angleterre — **120**

Malcolm X — 136

La puissance militaire américaine — 141

Quand la tragédie du Viêt-Nam nous touche personnellement — 150

TROISIÈME PARTIE : RÉFLEXIONS ET PERSPECTIVES SUR L'AMÉRIQUE — 159

Chapitre 7 : Le système de classes en Amérique — **160**

Des obstacles dans le système éducatif — 162

L'INÉGALITÉ DES CHANCES DANS LA RECHERCHE D'EMPLOI ET DE LOGEMENT — 166

COMMENT CELA SE FAIT-IL QU'IL Y AIT TANT DE SANS-ABRI DANS LE PAYS LE PLUS RICHE AU MONDE ? — 169

LE VOL PUNI PAR LES ÉTATS EN AMÉRIQUE — 174

LES DÉLINQUANTS EN POLITIQUE — 177

CHAPITRE 8 : LA JUSTICE À L'AMÉRICAINE ; — **186**

LES MINORITÉS ESCROQUÉES EN BEAUTÉ DANS LES TRIBUNAUX AMÉRICAINS — **186**

INTRODUCTION EN DROIT AMÉRICAIN — 202

CHAPITRE 9 : LA POLICE AMÉRICAINE ET LES AFFAIRES CRIMINELLES — **206**

AVOCATS ET JUGES AMÉRICAINS : Y A-T-IL QUELQU'UN POUR VÉRIFIER QU'ILS FASSENT CORRECTEMENT LEUR MÉTIER ? — 216

Est-ce que le FBI protège le droit des citoyens à bénéficier d'un procès en bonne et due forme ? 233

Des bonnes actions effectuées par la police 245

La menace qui plane sur les étrangers sur le sol américain 248

Chapitre 10 : Les groupes minoritaires en Amérique 266

Le soutien américain unilatéral vis-à-vis d'Israël 266

Les mérites des Juifs sont-ils exagérés ? 274

Le fonctionnement du foyer chez les Juifs 285

Le regard des Blancs sur les personnes qui ne sont pas noires 289

LA RÉDUCTION DE LA PAUVRETÉ DANS LES COMMUNAUTÉS MINORITAIRES …… 307

L'ÉGLISE AU SEIN DE LA COMMUNAUTÉ NOIRE AMÉRICAINE …… 320

CONTINUER DE COMBATTRE LE RACISME …… 330

MÉFIEZ-VOUS DES FAUSSES IMPRESSIONS …… 337

CHAPITRE 11 : CERTAINES CÉLÉBRITÉS QUE J'AI RENCONTRÉES OU AVEC QUI J'AI CORRESPONDU DANS MA VIE …… 341

CHAPITRE 12 : UN RÉSUMÉ DES 50 DERNIÈRES ANNÉES …… 360

CHAPITRE 13 : RETOUR EN ARRIÈRE ! …… 362

EST-CE QUE JE REFERAI TOUT DE LA MÊME MANIÈRE ?

« OUI OU NON » …… 362

CHAPITRE 14 : CONCLUSION …… 372

Remerciements 400

Introduction

Ce livre n'a pas été écrit pour accroître les tensions ou pour jeter de l'huile sur le feu. Le but n'est pas d'opposer les Noirs aux Blancs, mais plutôt de mettre en évidence les problématiques auxquelles nous sommes confrontés en permanence. En l'occurrence, si quelqu'un venait à penser que je suis raciste, il se tromperait. En effet, en dépit du fait que je ne suis pas né dans ce pays, pour vous prouver le contraire, je m'estime chanceux d'avoir connu de nombreux hommes blancs, comme Ted Kennedy, George Bush Sr., César Chávez, le défunt dirigeant du parti ouvrier, le juge de la Cour suprême William O. Douglas et d'autres comme Corky Luther, un ami défunt et un ancien mécanicien automobile. J'ai également sympathisé avec de nombreux Coréens, Vietnamiens et Cambodgiens, bien qu'ils aient tendance à être refermés sur eux-mêmes. Je me suis lié d'amitié avec de nombreux Hispaniques et j'en ai embauché beaucoup, à tel point que j'ai dû apprendre l'espagnol pour garder contact avec eux. Grâce à Dieu, je suis un excellent vendeur, résilient, et contre toute attente, ce talent m'a permis de briser des murs dans les mondes des Blancs et des non-Blancs.

Pour commencer, mon histoire est pleine de contradictions, de nœuds et de virages. Peut-être que cela donne raison aux propos empreints de sagesse du sénateur

Warner de Virginie qui disait que dans la vie, comme dans les affaires, on ne doit pas s'attendre à passer du point A au point D en un éclair. En d'autres termes, il nous faut faire des détours pour accomplir nos objectifs véritables. Ainsi, du Ghana, en Afrique de l'Ouest, jusqu'au monde des Blancs, j'ai réalisé de nombreux détours, j'ai trébuché et il s'en est fallu parfois de peu pour m'empêcher de me trouver là où je suis aujourd'hui. Au cours de ce processus, j'ignorais beaucoup de détails spécifiques à la vie en Amérique et pourtant, j'ai réussi à rester debout.Première Partie : L'Amérique vue du Ghana, en Afrique de l'Ouest

Chapitre 1 : Où se situe le Ghana ?

Je suis né en 1949 au Ghana, à Accra, la capitale du pays. À l'époque, le Ghana faisait partie d'une colonie britannique appelée la Côte de l'Or. Selon les tout premiers explorateurs Portugais et Hollandais, il y avait beaucoup d'or dans cette région située sur la côte Atlantique de l'Afrique de l'Ouest. C'est pour ça qu'ils l'ont appelée la Côte de l'Or, ou « Sika Mpoanoh ».

La principale tribu locale était celle des Akans. Elle était dominée par les Ashantis dont l'empire s'étendait sur les terres du Ghana actuel, de la Côte d'Ivoire, de la Haute-Volta et du Togo. Toutefois, au cours de la ruée qui a eu lieu en Afrique dans les années 1870, les Français ont colonisé des régions de la Côte d'Ivoire, de la Haute-Volta et du Mali. Et les Allemands se sont emparés du Togo qui était principalement occupé par la tribu des Ewe. À cette époque, les Ewe étaient des alliés des Ashantis. Ensuite, à la suite de quelques révoltes mineures, les Britanniques ont pris totalement le contrôle de la

Côte de l'Or en 1908. Ils l'ont conservée ensuite jusqu'en 1957. À la suite d'une agitation politique intense, ils ont cédé le pouvoir au Premier ministre Kwame Nkrumah et à son parti Convention's People Party (CPP[1]) qui a renommé le pays « Ghana » lorsqu'ils ont obtenu leur indépendance en 1957.

Dans les années 1950, ma famille vivait à Accra en raison de l'activité professionnelle de mon père. C'était un commerçant kwahu[2]

---

[1] Le Convention's People Party : le parti de la convention du peuple, en français, est un parti politique ghanéen d'inspiration socialiste fondé le 12 juin 1949 sur les idées politiques du président Kwame Nkrumah.

[2] Kwahu fait référence à une région et à un groupe de personnes qui vivent au

prospère, il comptait plusieurs femmes et travaillait à Accra. C'est comme ça que nous avons atterri sur la côte, bien que ma mère fût originaire de l'intérieur des terres. Ainsi, parmi les quatorze enfants de mon père qui ont survécu, quelques-uns faisaient partie de la tribu qui vivait à Accra. Cependant, ma mère n'était pas une véritable habitante d'Accra. Elle a épousé mon père à Accra parce qu'elle ne parvenait pas à trouver de travail après avoir effectué sa scolarité dans un pensionnat britannique. Alors, elle

---

Ghana et font partie du groupe Akan de langue twi.

est venue dans la capitale et s'est mariée jeune.

Selon d'anciens voisins qu'elle a côtoyés à Accra, ma mère menait une vie royale. Des domestiques cuisinaient et s'occupaient des enfants, elle ne faisait jamais rien elle-même. Puis, quand j'ai eu un an, l'une de mes tantes m'a accidentellement fait tomber sur la tête. À la suite de cet incident, ma mère a pris personnellement soin de moi.

Au début des années 1950, quand les Britanniques s'apprêtaient à quitter le Ghana, le pays était vraiment très beau. Les rues étaient propres, le réseau routier et ferroviaire fonctionnait bien, le système éducatif aussi et nous avions deux hôpitaux modernes. Les meilleures écoles d'Afrique à cette époque se trouvaient au Ghana : Mfantsipm et Achimota. Cela dit, d'après la Banque mondiale, les Britanniques avaient laissé environ 5 milliards de livres sterling sur les comptes étrangers du Ghana. Il s'agit du Ghana que j'ai connu quand j'avais huit ans.

Chapitre 2 : L'exemple d'une famille élargie akan

En Afrique, une personne de la famille élargie peut être un frère, une sœur, un cousin, une tante ou un oncle. Même des proches qui ne sont pas du même sang pourraient également être considérés comme des véritables membres de la famille. Ils peuvent aller et venir dans la maison à tout moment. Mais il ne faut pas demander le remboursement d'un prêt effectué à un proche car ce serait mal vu. Ce système a découragé les gens à épargner. C'est en partie l'une des principales causes de la pauvreté en Afrique, ce que ne comprennent pas les Blancs.

Même si j'admets m'être occidentalisé, je soutiens encore le système traditionnel qui a pour but d'aider les autres sans attendre d'argent en contrepartie. Par exemple, j'ai aidé financièrement vingt familles élargies à venir aux États-Unis mais je ne leur ai jamais demandé d'argent. En effet, cela parce que j'ai bénéficié autrefois de cette méthode. Aujourd'hui, ce genre de geste altruiste comporte un risque : je risque de connaître des difficultés à la retraite si je continue à donner de l'argent de la sorte.

En fait, je rédige aujourd'hui l'histoire de notre famille pour plusieurs raisons. D'abord, parce que cela peut être profitable aux nouvelles générations. Mais également, parce qu'il y a peu de personnes dans notre famille élargie qui prennent l'habitude de conserver des traces écrites des événements historiques familiaux, même s'ils possèdent un bon niveau d'instruction. Puis, il y a d'autres personnes, comme mes demi-sœurs

Tawiah Boahemaa et Akua Antwiwaa, qui ne savent pas parler anglais, ni même lire et écrire la langue akan. Et plus le temps passe, plus j'ai peur que l'histoire de notre famille tombe dans l'oubli. En outre, certaines personnes avec qui je me suis associé à l'origine à New York dans les années 1970 décèdent les uns après les autres. Je parle notamment de John Cheatham, David Sampah ainsi que de mon bienfaiteur occasionnel allemand et de sa femme.

J'étais le plus jeune d'une fratrie de quatorze enfants, issue des multiples mariages de mon père. Pour mon âge, on me trouvait brillant. Enfant, je participais aux tâches ménagères et au traitement des déchets quotidiens. Je possédais également un petit potager où je cultivais des poivrons, des tomates, de l'oignon et du maïs. Je l'ai entretenu jusqu'à mon départ pour Mfantsipim[3] à Cape Coast, à l'âge de 16 ans. À cette époque, Mfantsipim et Fourah Bay en Sierra Leone étaient considérés comme les meilleurs lycées d'Afrique.

---

[3] Mfantsipim est un lycée pour garçons situé à Cape Coast au Ghana, fondé par l'Église méthodiste en 1876.

Désormais, un garçon qui a survécu à des débuts difficiles dans la vie, qui a grandi sans père et qui a été admis par miracle à Mfantsipim peut attribuer ses réussites à Dieu et à ses grands-oncles fortunés, Isaac Adomako et Nana Adomako.

Lorsque je me trouvais à Mfantsipim, j'ai appris le décès du cancer de ma grand-mère Nana Dorcas en 1961 ou 1962 alors qu'elle avait à peine plus de 60 ans. Nana Dorcas est la femme qui a élevé ma mère. Elle lui a transmis son don pour la cuisine et la pâtisserie à l'époque où ma mère Mary étudiait à l'adolescence à l'école pour filles de Yaa Chia située à Roman Hill dans le quartier de Bompata dans la ville de Kumasi[4]. À ce moment-là, Mary, ma mère, vivait avec la famille Dorcas dans un foyer situé à côté de Jackson Park et de Asem Boys School, une école réservée aux garçons, à Zongo, un quartier de Kumasi. Alors, ce quartier était peuplé par de nombreux immigrés originaires du nord du Ghana, de la Haute-Volta (Burkina Faso) et du Mali.

---

[4] Kumasi est l'une des principales villes du Ghana, capitale de la région Ashanti et capitale historique de l'Empire ashanti

Tante Dorcas avait trois garçons et quatre filles. Les garçons s'appelaient Karkari, Charles Kwaku Bona Beckson et Akwasi Acheampong. Acheampong a eu un glaucome à l'œil et il est devenu complètement aveugle avant l'âge de 40 ans. Puis, il est mort d'un cancer. Karkari travaillait comme architecte. Il a vécu jusqu'à l'âge de 74 ans. Le dernier né était Charles Kwaku Bona. Grand et plutôt beau garçon, il a séjourné occasionnellement dans notre maison à Asafo, à Kumasi. L'oncle Osei Kojo était son bienfaiteur. Malheureusement, l'oncle a connu des moments difficiles après la perte de son emploi de chauffeur de bus. Il ne pouvait pas travailler davantage car il était alcoolique et que ses deux femmes l'avaient quitté. Kwaku Bona a ensuite jonglé de foyer en foyer. Cette instabilité l'a conduit au fil du temps à tomber dans l'alcoolisme, lui aussi. Maintenant, il vit dans le Connecticut, mais je n'ai pas eu de ses nouvelles depuis vingt-cinq ans, même si j'ai persisté pour en avoir, en vain. Le cousin Bona était un très bon ami à moi quand nous étions enfants, et ma mère a fait tout ce qu'elle a pu pour lui quand il est devenu orphelin.

Désormais, peu de temps après le décès de Nana Dorcas, sa fille Awuraa Ama, une hôtesse de l'air, est morte d'un cancer. Puis Awuraa Abenaa a épousé un Nigérian et a déménagé au Nigéria au début des années 1960. Mon cousin Bona m'a montré une photographie datant de 1981 et j'ai appris qu'elle avait plusieurs enfants qui vivaient encore là-bas aujourd'hui, bien qu'elle soit décédée. Les filles d'Awuraa Abenaa étaient plus grandes que la norme pour des

Africaines, et il se trouve qu'elles étaient très belles.

Tante Amy était également une autre fille de Nana Dorcas. Je crois qu'elle est née en 1936. Quand ma mère est partie épouser mon père à Accra, Amy et la sœur cadette de ma mère, Tante Owuanya, sont venues nous rejoindre dans la foulée dans notre maison à Accra en tant que nourrices après ma naissance en 1949. Tante Owuanya était ma nourrice.

Peu de temps après avoir terminé sa scolarité à l'école pour filles élémentaire anglicane ECM située à Kumasi, Amy s'est mariée, a déménagé au Canada, et est partie vivre avec son mari au Royaume-Uni dans les années 1960. Là-bas, elle a partagé sa chambre pendant un temps avec ma sœur Regina quand celle-ci est partie au Royaume-Uni dans le cadre de ses études supérieures. Je crois savoir qu'Amy a ouvert sa propre boutique quand elle est rentrée au Ghana et qu'elle a envoyé Kwaku Bona à l'Armée. Avec le temps, Amy s'est enrichie lorsqu'elle est devenue la maîtresse du général Acheampong, le chef d'État du Ghana, en dépit du fait qu'elle était encore mariée avec un autre homme. D'après ce que je sais, Acheampong l'a couverte de cadeaux et lui a donné de l'argent, ce qui lui a permis de voyager régulièrement à l'étranger et de faire du shopping à Harrods, un magasin de luxe situé à Londres dans les années 1970.

    Toutefois, Amy a oublié tout ce que ma mère avait fait pour elle après la mort de Dorcas. Ensuite, elle aurait eu une dispute avec Regina au sujet de l'achat d'une voiture. Puis, elle a récupéré subitement un lopin de terre à Accra, qu'elle avait donné à Big Joe, le fils aîné de Nana Adomako. Ensuite, elle s'est mise à harceler les descendants d'esclaves de la famille du côté de ma mère. Parmi eux, il y avait la défunte Mame Yaa et des membres de sa famille qui vivaient à Dweso Yard, à côté de l'actuel Labor Department Office (Département de l'emploi) de Kumasi.

Je me souviens qu'en 1981, Amy a personnellement accompagné ses deux fils aux États-Unis et qu'elle les a inscrits dans des universités américaines. À cette époque, c'était une première, parce que les frais étaient bien trop élevés.

Pendant son séjour là-bas, elle et moi avons eu une longue conversation téléphonique au cours de laquelle nous nous sommes remémoré les années pendant lesquelles nous avons vécu ensemble dans la maison de mon père à Accra. À l'époque, c'était notre femme de ménage. Malheureusement, sur une période qui a duré sept ans, ses deux fils sont décédés aux États-Unis. À cette époque, Jerry Rawlings venait de reprendre le pouvoir au Ghana grâce à un coup d'État et il avait fait exécuter le général Acheampong, soupçonné de corruption. Rawlings est mort à l'âge de 73 ans en novembre 2020.

Tous ces évènements ont bouleversé Amy et elle a perdu la tête. Elle s'est mise à courir nue dans les rues et elle a renvoyé ses domestiques, notamment notre cousine Katie Nana Kwadwoa Dennis qui vivait dans sa maison à Accra. En pleine dépression, Amy est morte d'un cancer au milieu des années 1990. Selon mon demi-frère, Kofi Adjei, l'une de ses filles, a vécu autrefois au Texas.

Baby, la sœur cadette d'Amy, d'après l'histoire de la famille, est également devenue très riche grâce à des investissements dans le secteur de l'immobilier à Accra dans les années 1970 et 1980. Cependant, à un moment donné, elle a contracté des dettes importantes qui lui ont fait perdre la raison. Puis, elle s'est suicidée en s'empoisonnant. Quant à Tante Awuraa Afua, l'aînée des Dorcas, elle est décédée en 2006 d'une maladie cardiaque. Son fils aîné était Henry Shadowy dont le père était un marchand de cèdre du Liban à Ahinsan près de Kumasi. Ce beau-fils appréciait particulièrement ma mère lui aussi. Je crois qu'Henry vit encore en Allemagne avec sa famille.

Vient ensuite Nana Tanoah qui était l'une des tantes de ma mère avec qui elle a vécu brièvement dans son foyer à Ejusu Yard, quand elle a déménagé d'Accra à Kumasi en 1955. Nana Tanoah était mariée à M. Quason, et quand il s'est lassé d'elle, il l'a quittée pour une jeune femme qui avait la moitié de son âge. Il y a eu de nombreux ragots à la suite de ça. En tout cas, Nana Tanoah était une sacrée femme et elle possédait une plantation de cacao. Elle a même fini par construire sa propre maison à Asikafo Ama Tem, un pavillon situé à côté du quartier d'Asafo, à Kumasi, où nous avons vécu. Malheureusement, pendant le chantier sur sa propriété, Tanoah est morte du cancer alors qu'elle avait plus de 60 ans. Nana Joseph Adomako est le seul à avoir prêté de l'argent à la fille de Tanoah pour lui permettre de finir le chantier. Mais pour une raison inconnue, Yaw Awuah, un petit-fils de Nana Tanoah, ne s'entendait pas avec Nana Joseph. Pourtant, grâce à son statut de membre du conseil d'administration, elle avait facilité les choses pour l'inscription d'Awuah à l'école secondaire d'Opoku Ware.

Comme c'était mon cousin, j'ai entretenu de bons rapports avec ce Yaw Awuah. Mais je n'ai vraiment fait sa connaissance qu'au cours de l'été 1981. Avec ma femme, nous avions prévu d'aller le voir pendant que nous étions à Londres. Nous l'avons prévenu à l'avance de notre souhait de lui rendre visite, mais il nous a évités volontairement quand nous sommes arrivés depuis l'hôtel où on logeait à Londres.

Toutefois, j'entretenais de bonnes relations avec ses sœurs,

Dora et Yaa Yaa. Quelques années plus tard, Dora a immigré en Côte d'Ivoire où elle est morte du sida. Auparavant, elle m'avait présenté à deux de ses camarades de classe de l'école élémentaire Yaa Achiaa. L'une s'appelait Frances et l'autre Nana Ama, une vraie belle femme noire dont la famille vivait dans la même maison que Yaw Amankwaa, le futur mari de ma sœur Victoria. Ensuite, Nana Ama m'a présenté à ses frères, Ata Kora et Johnny, un grand garçon. Dora avait également une autre amie dans son école, Theresa Nana Ama Asomoah. Le hasard a voulu que ce fût la fille de Wofa Yaw, le propriétaire de notre logement. Theresa et ses parents m'appréciaient. Cependant, ma mère angoissait à propos de la sincérité de son engagement à mon égard et cela a conduit Theresa à épouser prématurément un riche homme d'affaires ivoirien en 1969. Ils ont eu une fille qu'ils ont appelée Bebe et ils se sont séparés. Puis, au milieu des années 1970, elle a déménagé à Paris, en France, avec son demi-frère Kwabena Amoah. Plus tard, elle s'est installée en Allemagne avec Bebe et ses huit petits-enfants. À vrai dire, ses parents et sa sœur aînée Faustina bénéficiaient de l'argent que j'envoyais au Ghana chaque année sur une longue période.

Malheureusement, le propriétaire et les membres de sa famille ont connu des années difficiles, puisqu'ils sont presque tous morts, les uns après les autres, sur une période de dix ans. Yaa Ghana et Kofi « Boat » Boateng sont les seuls à avoir survécu. Désormais, ils vivent à Vancouver, au Canada.

Je me souviens aussi que ma mère Mary avait plusieurs cousins qui ont tous vécu, à un moment ou à un autre, dans la maison de la famille élargie à Fanti Newtown. Notamment tante Dinah Gyembibi, qui était une femme très entreprenante. À la mort de son second mari, elle a lancé sa propre affaire et a importé des vêtements, des tissus et des montres haut de gamme du Ghana au Liberia. L'oncle Sarpong et tante Owuoanya vivaient alors à Monrovia et ils l'ont aidée à réaliser son projet en lui présentant d'importants hommes d'affaires libériens qui lui ont permis de se développer. Sarpong et ses partenaires libériens possédaient une concession lucrative de bois. Tante Dinah avait plusieurs enfants, dont Kwaku Hagi, l'aîné ; Paul Gyembibi, le cadet ; tous les deux vivent désormais dans le Connecticut ; et leur sœur Naa Serwaa. Veuve, cette dernière vit aujourd'hui dans le New Jersey. Henry, le second fils de Dinah, a vécu autrefois dans le Connecticut, mais depuis, il est retourné vivre au Ghana. Tante Dinah est morte en 1984 ou 1985. Je crois savoir qu'elle rentrait d'une cérémonie funéraire quand elle a eu un accident de voiture, elle s'est vidée de son sang jusqu'à en mourir.

En effet, il n'y avait pas d'ambulance disponible pour la transporter jusqu'à l'hôpital le plus proche.

Ses frères de sang étaient l'oncle Bonsu et l'oncle Kwame. Kwame était le plus grand de tous mes oncles. Il mesurait environ 2,03 m et il a travaillé comme greffier au tribunal situé au nord du quartier Adum à Kumasi. Il avait deux femmes, une Ashanti et une Mfanti. Lui et Bonsu sont également morts du cancer comme les trois frères de ma mère. Ohiafrewo, la sœur de Dinah, avait environ 80 ans quand elle est décédée. Mais tante

Dankwah, sa sœur la plus jeune, est morte à l'âge de 29 ans. Gifty, sa fille, vit au New Jersey et travaille comme infirmière libérale. Tante Dinah et oncle Bonsu étaient de très bons amis à ma mère. M. Appewo, le demi-frère de Bonsu vit aujourd'hui à Brooklyn, à New York. Wafa Coach est un autre oncle qui a travaillé dans un bureau de poste à Kumasi. Sa nièce s'appelle Comfort Akua Achiaa Owusu et elle vit désormais dans le New Jersey. Autrefois, elle a été mariée à Anue Cofie, un excellent footballeur qui a joué pour l'équipe d'Ashanti Kotoko à Kumasi, pour l'équipe nationale du Ghana et plus tard pour les New York Cosmos au début des années 1970. Maintenant, il a environ 70 ans et il souffre de démence. Il vit dans un EHPAD du New Jersey à West Orange.

Il y avait également Mame Ataa Boateng, un lointain cousin de notre mère. Sa famille vivait dans les années 1960 près du marché Asafo. Ils étaient voisins d'Adom Fie, un groupe de Fantis que ma mère connaissait depuis qu'elle était petite. Je me souviens que la mère de Mame Ataa avait environ 50 ans quand j'en avais 10, et nous allions la voir de temps en temps. La sœur de Mame était la mère de Georgina et Georgette, des sœurs jumelles. Elles étaient très belles. Leur père était libanais. Georgina est morte du cancer quand elle avait la trentaine. Et à une époque, le cousin Charles Kwaku Bona, le plus jeune frère d'Amy a vécu avec Georgette et son mari libanais. Mais Charles est parti en expliquant qu'il ne s'entendait pas avec le mari d'Amy.

Les Adomakos

Nana Kojo Aboagye Adomako, dit Joseph Adomako, et les parents de son frère Isaac faisaient partie de la même famille que nos arrière-grands-parents. D'après ma mère, ils ont tous vécu autrefois dans le village ancestral familial à Atwima Yabi dans la région d'Ashanti et à Fanti Newtown par la suite à Kumasi. Nana Joseph serait né au début du XXe siècle juste après la rébellion menée par Yaa Asantewaa contre les colons britanniques. Quand il était jeune, Nana Joseph travaillait pour la compagnie britannique, la United African Company, une compagnie marchande fondée en 1929. Rapidement, il a obtenu une promotion grâce à ses qualités de comptable, parce qu'il était honnête et aussi pour son amour de Dieu qu'il a découvert avec l'Église catholique. À un moment donné, il a pris un congé anticipé et il s'est mis à son compte en tant que grossiste spécialisé dans les boissons et la bière.

La chère épouse de Nana Joseph s'appelait Mame Nkrumah. Elle venait de Bekwai dans la région d'Ashanti. Sur sept de leurs enfants, seulement quatre vivaient encore à leur mort.

Nana Joseph ne ressemblait pas aux Africains de sa génération. En effet, il désapprouvait la polygamie. Il se distinguait aussi des autres parce qu'il privilégiait un régime alimentaire équilibré et qu'il évitait de manger trop de féculents. Cela explique peut-être pourquoi il a vécu jusqu'à plus de 80 ans. Mais sa jambe droite a souffert de la phlébite quand il avait la soixantaine et il est mort en 1983 du cancer de la prostate. Il me manque vraiment parce qu'il a joué le rôle de père de substitution pour moi.

Je crois que Nana Joseph n'a jamais rencontré mon père, même si Nana avait fait des affaires autrefois avec les Fantis au sud du Ghana avant de retourner à Kumasi où il a lancé son affaire de vente de bières et d'alcool. En outre, Joseph possédait également une plantation de cacao.

Quand nous avons quitté Kumasi pour Accra en 1955, nous avions l'habitude d'aller lui rendre visite à Asafo. Sa résidence se trouvait à environ un mile (environ 1,6 km) de celle de ma mère. Nana s'est préoccupé très tôt de notre éducation et du bien-être de ma mère. Par exemple, M. Aidoo, l'homme que ma mère a épousé en 1956, s'est mal comporté en ne subvenant pas aux besoins des enfants qu'il a eus avec ma mère. Alors, Nana Joseph a engagé un avocat et a intenté une action en justice contre lui pour abandon du foyer conjugal et il a cherché à obtenir un soutien pour les enfants afin de soulager ma mère, à qui le tribunal a donné raison.

Dans le même temps, il a persuadé son petit frère Isaac d'obtenir des bourses scolaires pour financer nos études supérieures par l'intermédiaire du Cocoa Marketing Board[5].

À cette époque, Nana Isaac était un homme très influent. C'était un membre du Parlement au sein du gouvernement post-colonial dirigé par le président Osagyefo Kwame Nkrumah. Jeune homme, Nana Isaac était professeur et il a évolué pour devenir inspecteur d'académie. Ce poste élevé lui a permis d'entrer en contact avec les directeurs principaux de nombreuses écoles.

---

[5] Le Ghana Cocoa Board est une institution contrôlée par le gouvernement ghanéen qui fixe le prix d'achat du cacao au Ghana. Les agriculteurs sont protégés de la volatilité des prix sur le marché mondial grâce à la fixation des prix. L'institution s'appelait autre fois Cocoa Marketing Board.

Grâce à ces connexions, il a réussi à obtenir une place financée intégralement par une bourse à Mfantsipim qui était, à ce moment-là, l'une des plus prestigieuses institutions scolaires en Afrique.

En revanche, contrairement à Nana Joseph, Nana Isaac avait deux épouses. Lui et sa femme la plus âgée vivaient dans les années 1960 à Kwadoso, un quartier résidentiel de Kumasi. Son fils aîné est devenu docteur, et il est parti vivre dans les années 1980 en Arabie Saoudite. La seconde femme de Nana Isaac, la mère d'Aka Osei Kojo, a habité un temps à Adum dans un logement juché sur une colline, à proximité du Conseil britannique. De l'autre côté de la rue, il y avait une église presbytérienne. Elle travaillait comme éducatrice pour une garderie d'enfants. La garderie se trouvait à Fanti Newtown, près du terminus de la voie ferrée de Kumasi. Il m'est arrivé occasionnellement d'aller voir ses deux femmes, mais Nana Isaac était bien plus proche de ma sœur Regina Awuraa Akosua parce qu'elle était plus âgée et qu'elle le comprenait mieux que moi. Il me semble qu'au moins deux de ses enfants vivent désormais avec leurs familles respectives à Reston, en Virginie. Leur sœur est décédée ici il y a environ 20 ans. Nana Isaac est mort en 1985, juste après Nana Joseph qui est décédé en 1983.

Avec le recul, je pense que c'est un acte signé de la main de Dieu qui a conduit Nana Joseph et Nana Isaac à nous venir en aide. Ma mère avait sollicité Kwaku Mensah, leur cousin, pour lui demander de l'aide financière parce qu'il avait été autrefois un associé de mon père dans les années 1940 à Accra. Mais il nous a ignorés à partir du moment où l'on a déménagé à Kumasi en 1955. En fait, jusqu'à l'âge de 18 ans, je ne l'ai vu que deux fois. Puis, en 1969, il est rentré au Ghana. En effet, il s'était exilé en Côte d'Ivoire après le renversement de Nkrumah par un coup d'État militaire.

Encore une fois, nous resterons éternellement reconnaissants à l'égard de Nana Joseph et d'Isaac pour leur bonté. Nous le sommes également vis-à-vis du fils de Nana Joseph, Augustine Adomako alias Nana Yam, un avocat et le porte-parole officiel ou « Ocheaminn » dans notre langue de l'Asantehene, le Roi des Ashantis. Actuellement, il serait en train de préparer mentalement et d'aider un proche que j'ai parrainé pour venir aux États-Unis, en lui expliquant ce qu'il doit dire ou non pour obtenir son visa américain.

Maintenant, parmi les trois branches de notre grande famille, ce sont les Adomakos qui présentent la plus grande espérance de vie. Pourtant, beaucoup d'entre eux souffrent de l'asthme.

Chapitre 3 : Accra après 1950

En 1950, les conditions de vie étaient vraiment difficiles. En effet, comme mon père n'avait pas eu le temps de rédiger un testament, la tradition africaine locale a permis à sa sœur de s'octroyer tous ses biens. Cela comprenait notamment sa principale boutique située près de Makola Market, une place marchande à Accra, ainsi que cinq lopins de terre. Mon père avait réalisé des affaires fructueuses en tant que marchand à l'époque de l'Afrique coloniale britannique. On s'est toujours demandé s'il avait vécu plus longtemps, s'il aurait été en mesure de rester riche puisqu'il avait eu quatorze enfants avec trois femmes différentes.

Peu importe, de son vivant, il a couvert les frais de construction et de production d'une grande plantation de cacao au bénéfice de ma grand-mère maternelle, à savoir sa belle-mère, Akua Yeboah. Mais quand celle-ci est décédée, l'un de mes oncles a repris la plantation et en est devenu le responsable. Il a fini par s'approprier tous les bénéfices et ne nous a rien laissé pour nous aider à payer les frais de scolarité. La seule source de revenus dont on disposait venait de ma mère, grâce à ses talents de pâtissière. Elle avait également vendu des lingots en or que mon père lui avait donnés quand ils se sont mariés. J'ai participé par la suite à l'entretien du foyer en vendant également des gâteaux. Ma mère m'a appris des techniques de vente. Tous les matins, elle me donnait une tape dans le dos avant de m'envoyer dans la rue, elle m'encourageait à ne pas abandonner à la première déconvenue. Après toutes ces années, je suis resté commerçant.

Pendant un temps, ma famille maternelle et ma tante paternelle ont continué de jouer avec nous. Mais il n'y avait pas grand-chose que nous, enfants, puissions faire parce que Nana Kwaku Mensah, l'ancien associé de mon père, avait fui en Côte d'Ivoire à cause de la situation politique. C'était le grand monsieur sur lequel on comptait, moi et mes sœurs. Heureusement, à mon quinzième anniversaire, la situation s'est considérablement améliorée grâce au grand-oncle de ma mère,

Nana Adomako Joseph, un cultivateur de cacao et un vendeur d'alcool, et à son frère Isaac. Quand ils ont eu vent de nos difficultés financières, ils ont décidé de couvrir nos frais de scolarité et de logement. Ils nous ont permis de bénéficier du niveau d'enseignement scolaire le plus élevé à l'époque au Ghana. Par exemple, grand-père Isaac Adomako m'a permis d'être inscrit à Mfantsipim où j'ai appris le latin et le grec. C'était le meilleur établissement scolaire africain à l'époque. Ma sœur Vic a intégré une faculté qui forme des enseignants, et ma sœur aînée

Regina l'école réservée aux filles Yaa Asantewaa à Kumasi. Par la suite, Regina est allée au Liberia puis en Angleterre pour parachever sa formation scolaire. Elle est décédée en 2008, laissant derrière elle quatre garçons et son mari George.

À mes 18 ans, les Adomakos, mes deux grands-pères et ma mère m'ont conseillé de partir aux États-Unis. L'US AID[6], le Département d'État des États-Unis, le magazine d'actualité généraliste Newsweek et le Corps de

---

[6] L'Agence des États-Unis pour le développement international est l'agence du gouvernement des États-Unis chargée du développement économique et de l'assistance humanitaire dans le monde.

la paix ont donné vie à une immense propagande visant à promouvoir l'Amérique comme l'endroit idéal dans le monde pour y faire des études. Ils présentaient leur pays comme un paradis où tout le monde ne pouvait qu'être heureux. Ma mère pensait également que c'était un bon endroit où aller parce qu'elle anticipait le fait que je pourrais aider mes sœurs une fois que je serais allé loin dans les études supérieures. Elle ignorait tout des États-Unis. Elle en savait davantage sur la Grande-Bretagne, en discutant avec des voisins et aussi par l'intermédiaire de ses cousines, tante Amy et tante Awuraa Abenaa, une hôtesse de l'air, qui avaient vécu au Royaume-Uni. Maman a été forcée d'épouser mon père à un jeune âge, étant donné qu'elle ne parvenait pas à trouver d'emploi après l'obtention de son diplôme. Ce n'était pas quelque chose qu'elle souhaitait pour ses filles.

<u>Souvenirs de mon enfance en Afrique</u>

Avec le recul, je pense que moi et mes sœurs aurions dû consacrer notre vie à exploitant une plantation de cacao. À vrai dire, c'est l'activité la plus courante et la plus pratiquée en Afrique de l'Ouest. Deux tiers des revenus réalisés par les gouvernements de la Côte d'Ivoire et du Ghana proviennent de la production de cacao. 40 % du PIB du Nigeria vient de la culture du cacao, un secteur qui fournit un emploi à 60 % des travailleurs de ce pays.[7] Par adoxalement, un Africain qui a fait des études évite de travailler dans ce secteur. Il préférerait travailler dans un bureau, en portant une chemise

---

[7] Voir le Financial Times paru le 22 octobre 2020, Reportage spécial : "African Farming & the World"*

blanche et une cravate plutôt que de vivre de ses propres mains. C'est une conséquence directe du colonialisme. Le pouvoir des hommes blancs a perduré longtemps encore après leur départ.

Mais je ne savais pas que les pratiques de l'homme blanc à l'Occident étaient complètement différentes. Je me souviens de l'employeur allemand que j'ai connu plus tard... Il était millionnaire, mais quand il arrivait tôt le matin au travail, il prenait un balai et allait nettoyer la portion de trottoir située devant la devanture de sa boutique située dans la partie est de Manhattan. Parfois, j'avais envie de lui prendre son balai et de balayer. Alors, je ne savais pas que c'était comme ça que les entrepreneurs blancs s'enrichissaient, en étant autonomes et en accomplissant des choses par eux-mêmes.

La médecine en Afrique

Un triple pontage, une transplantation de cœur, du matériel pour effectuer des radiographies, des respirateurs... Ce sont des choses qui manquent toujours en Afrique, et c'était déjà le cas quand j'ai grandi là-bas. Mes sœurs sont les seules à être allées dans des cliniques et des hôpitaux appartenant aux Blancs et à avoir été soignées par des infirmières. Contrairement à elles, je n'ai pratiquement jamais eu droit à de tels soins, ma mère m'amenait voir des sorciers vaudous. L'un venait d'une tribu féroce dans le Dahomey, et l'autre était un Ashanti. Si mon état se dégradait et qu'une toux s'aggravait, on préparait pour moi une décoction à partir d'écorce et de plantes que je devais boire pour être soulagé de mon affection. Agya Yaw d'Ashanti est celui qui m'a appris à ne pas craindre des lycaons ou des antilopes. Il m'a également enseigné des techniques pour repousser des serpents imposants et des reptiles. À un moment de ma jeunesse, j'étais si doué avec les méthodes de médecine naturelle que je pouvais mélanger et appliquer des plantes pour soigner une morsure de serpent et pour guérir des douleurs digestives et thoraciques. Toutefois, mon savoir ne m'a pas vraiment servi quand Kwasi, un voisin Nfanti dans le voisinage, m'a lancé une grosse pierre dessus et qu'elle a écrasé l'orteil de mon pied droit. Cependant, ma mère est allée voir le sorcier vaudou pour me soigner et un mois plus tard, la blessure était guérie.

Dans les années 1960, il n'y avait pas de polices d'assurance qui permettaient de prendre en charge les frais de maladie, de maternité pour les femmes ou de problèmes cardiaques pour les personnes âgées. Je ne me souviens même pas que quelqu'un ait eu une assurance. Pourtant, la compagnie d'assurance britannique Guardian Insurance Company réalisait des contrats avec des expatriés et le gouvernement du Ghana à cette époque.

Avant le départ des Britanniques, ces derniers ont construit l'hôpital public Komofo Ankoye à Kumasi. Les services médicaux y étaient gratuits. Avant cela, les Britanniques ont également construit un hôpital du même genre à Accra. C'est là que ma sœur aînée est née d'après ma mère.

Alors, il n'y avait pas de programmes de Sécurité sociale ni de pharmacies où les ordonnances pouvaient être réutilisées. Pour cela, il fallait contacter un proche, soit au Liberia soit en Grande-Bretagne, pour lui demander de l'aide si un hôpital se retrouvait en pénurie de médicaments.

Mais, si un étranger se rendait aux États-Unis et constatait qu'il y a des hôpitaux comme Beth Israël, Jamaica Hospital ou Lennox Hospital et que dans certains il faut avoir une assurance pour entrer, il serait déconcerté. Ce qui est le cas pour beaucoup d'immigrés. Heureusement, la porte des urgences est toujours ouverte et sans que cela ne coûte rien. Néanmoins, cela explique le taux élevé de mortalité des Africains et des Hispaniques aux États-Unis. En effet, ils s'y rendent au dernier moment, étant donné que les frais médicaux sont très élevés pour ceux qui ne possèdent pas de police d'assurance. Par exemple, à New York, une femme qui passe cinq jours à l'hôpital dans le cadre du traitement du cancer du sein va devoir se préparer à régler une note de 15 000 à 20 000 dollars, voire plus. Une opération de la prostate coûte facilement 20 000 dollars.[8] Cela fait partie des facettes de l'Amérique méconnues pour beaucoup d'étrangers.

---

[8] Voir le New York Times paru le 8 octobre 2020.

Une autre anecdote dont je me souviens... En Afrique, quand un enfant naît dans une famille, on ressent tous tellement de joie... Au bout de quatre semaines environ, on donne un nom à l'enfant. Puis, tous les villageois et les membres de la femme saluent la naissance de cet enfant en offrant aux parents de la nourriture et des cadeaux en tous genres. La femme ne prend pas de congés maternité à son travail, qu'elle soit employée dans une plantation ou qu'elle soit fonctionnaire. Elle revient simplement à la maison comme femme au foyer. Alors, son mari et ses proches s'occupent d'elle. Mais comme il est difficile d'être bien soigné en Afrique, beaucoup d'enfants meurent peu de temps après la naissance. Selon l'OMS (Organisation mondiale de la santé), le taux de mortalité des décès liés à la maternité est très élevé en Afrique.[9]

Le Corps de la paix[10]

À l'origine, conformément aux vœux du président John Fitzgerald

---

[9] Statistiques calculées par l'"Organisation Mondiale de la Santé, l'UNICEF, le Fonds des Nations Unies pour la population et la Banque mondiale, Trends in Maternal Mortality (https://www.who.int/publications/i/item/9789240068759, article disponible uniquement en anglais) : 2000 à 2020, OMS.

Kennedy, l'objectif du Corps de la paix était de promouvoir la culture et l'influence américaines en Afrique, ainsi que dans les autres pays en voie de développement. En 1963 et 1964, des volontaires du Corps de la paix vivaient et travaillaient dans tout le Ghana. Ils enseignaient des disciplines comme les mathématiques, la biologie et la physique.

Heureusement, comme les Soviétiques agissaient de la même manière, cela a permis au Corps de la paix de devenir un outil très

---

[10] Voir le New York Times paru le 4 octobre 2020, page 4.

important dans le cadre de la politique étrangère américaine menée dans les pays en voie de développement. Plus tard, des Africains ou des gouvernements ont demandé au gouvernement américain d'augmenter la nature de l'aide qu'ils apportaient, celui-ci a donc décidé d'envoyer un tout nouveau groupe de volontaires du Corps de la paix. Leur mission était de creuser des puits, de les assister au niveau médical et d'augmenter les capacités de production de riz.

Les années 1960 représentent une période de l'histoire du Corps de la paix en Afrique qui a été très excitante pour ses volontaires. Ils apprenaient à danser sur des rythmes africains, et les Africains apprenaient à danser sur des sons américains, notamment sur Louis Armstrong, James Brown et d'autres. Le Corps de la paix a même fait la promotion de sports ou d'événements entre les États-Unis et le Ghana, mais aussi avec le Nigeria. Tout le monde s'en réjouissait. Cela a conduit les États-Unis à accorder des bourses scolaires pour permettre à des jeunes étudiants africains de venir étudier la médecine en

Amérique. À l'inverse, l'un de mes frères a pu s'inscrire à l'université russe de l'Amitié des peuples Patrice Emery Lumumba, un établissement spécialisé dans l'enseignement de la médecine à Moscou, grâce aux Soviétiques. Mais l'organisation équivalente du Corps de la paix chez les Soviétiques n'était pas très populaire à cause de la barrière de la langue et de l'efficacité de la propagande américaine.

Deuxième Partie :

Venir en Amérique

Chapitre 4 : Notre sympathique voisin, le Nigeria

Il est difficile de parler du Ghana sans évoquer le Nigeria, notre pays voisin. Notamment parce que le Ghana et le Nigeria partagent essentiellement la même culture. Mis à part le fait que le Nigeria compte beaucoup plus d'habitants et que davantage de langues y sont pratiquées. Mais leur ADN, leurs habitudes alimentaires et leurs traditions sont identiques à ceux des Ghanéens. Le Nigeria, comme le

Ghana, a été colonisé par les Britanniques. Néanmoins, comme il l'a été vers la fin du partage des territoires africains, les Britanniques n'ont pas rassemblé les principales tribus pour former une nation avec une base commune solide. Par exemple, le Nigeria actuel est constitué des Igbo à l'est, des Yoruba à l'ouest et des Hausa Fulani au nord. En fait, l'actuel président, M. Buhari, vient de la tribu Fulani au nord du pays. Mais chacune de ces tribus constitue une nation à part entière et elles ont été rassemblées hâtivement pour former la Fédération nationale du Nigeria. En conséquence, dix tentatives de coups d'État ont été perpétrées et une guerre terrible a eu lieu : la guerre du Biafra[11] sur une période allant de 1968 à 1994. Incidemment, ces conflits n'ont cessé d'aggraver les tensions qui régnaient entre les Hausa, les Yoruba et les Igbo.

La principale ressource exportée par le Nigeria est le pétrole. Selon des estimations, le pays gagne environ 25 milliards de dollars par

---

[11] La guerre du Biafra est une guerre civile au Nigeria qui s'est déroulée du 6 juillet 1967 au 15 janvier 1970 et a été déclenchée par la sécession de la région orientale du Nigeria, qui s'autoproclame République du Biafra sous la direction du colonel Ojukwu.

an grâce à l'exploitation pétrolière. Toutefois, ce pays n'arrive pas à capitaliser sur ces rentrées d'argent à cause de la corruption. Cependant, il faut féliciter la plupart des Nigérians parce qu'ils sont dynamiques et travailleurs. Par exemple, si on se promène dans une rue de Harlem à New York et que l'on voit la plaque d'un cabinet dentaire au nom du Dr Earlene Nzoom, on peut supposer avec certitude qu'il s'agit d'une femme dentiste originaire du Nigeria. À l'exception des femmes antillaises, il est peu probable qu'une femme ghanéenne ou libérienne s'aventure dans une telle entreprise. En outre, leur plus grand trésor est leur niveau d'instruction. En effet, la plupart des Nigérians, la moitié des hommes environ, ont des diplômes universitaires, ce qui les motive à partir dans n'importe quel autre pays pour y enseigner ou travailler.

Le Dr Namadzi Azikwe est le tout premier président que le Nigeria a eu. Selon le premier président du Ghana, Kwame Nkrumah, il a appris beaucoup de ce docteur qui était réputé pour ses recherches académiques. Il a enseigné la politique à Nkrumah. Parmi les figures emblématiques de l'époque du Dr Azikwe, il y a eu Awalowo, le chef du gouvernement du Yoruba de l'Ouest et Tafa Balewa. Tafa Balewa est un Hausa bien connu, il a été le premier à occuper la fonction de premier ministre du Nigeria. Malheureusement, il n'est pas resté longtemps en fonction puisqu'il a été tué au cours d'un coup d'État dans les années 1960. Sans oublier le général Ojukwu qui a guidé son peuple, les Igbo, vers une séparation du reste du Nigeria. Un désastre qui a coûté la vie à trois millions de personnes environ. Il y a eu également d'autres hommes populaires au Nigeria comme Wole Soyinka qui a été récompensé par le prix Nobel de littérature, Chinua Achebe et Feka Kuti, un artiste musical bien connu en Europe et en Afrique de l'Ouest, et un excellent ambassadeur pour le Nigeria. Dick Tiger mérite également d'être mentionné, un boxeur célèbre qui a vécu autrefois à New York, avant de quitter cette ville pour voir sa famille durant la guerre civile du Biafra. Mais il n'est jamais revenu en Amérique. On présume qu'il a été assassiné.

En tout cas, des frictions existaient entre le Nigeria et le Ghana mais elles restaient enfouies, et finalement, à l'image de la tension qui peut régner dans une famille, cela a fini par éclater quand le Dr Kofi Busia a expulsé de son pays tous les Nigérians qui vivaient au Ghana entre 1968 et 1970. Cela a causé beaucoup de désagréments aux Nigérians qui vivaient là-bas puisque beaucoup d'entre eux avaient acheté ou construit une maison et que leurs enfants et petits-enfants portaient des noms typiquement ghanéens. Quelques années plus tard, les Nigérians ont répondu et ont renvoyé tous les Ghanéens présents au Nigeria. Selon des comptes rendus dont la véracité n'a pas été confirmée, ils auraient également tué de nombreux Ghanéens.

Généralement, les Nigérians sont pacifiques. Ils sont environ 100 000 à vivre en Amérique du Nord. En dehors des accusations plutôt rares d'escroquerie, beaucoup de Nigérians qui possèdent un diplôme universitaire préfèrent travailler dans des bureaux ou comme chauffeurs de taxi dans des grandes villes américaines comme Boston, New York et Chicago.

J'ai remarqué une chose en côtoyant des Nigérians à l'école ou au travail aux États-Unis, c'est qu'ils ne sont pas très sociables. Et ce comportement explique peut-être pourquoi peu de touristes en Afrique se rendent au Nigeria. En outre, leur amitié est souvent acquise un jour, mais peut s'envoler le lendemain. À vrai dire, pour les étrangers, les Ghanéens paraissent plus sympathiques, et c'est la raison pour laquelle le Ghana attire davantage de touristes.

Si j'en parle ainsi, c'est parce qu'il y a des Nigérians et des Ghanéens dans ma famille, et nous partageons tous certains points communs. En relisant ce mémoire, cette explication rendra la lecture plus simple pour celui qui ne sait rien de l'Afrique de l'Ouest. En d'autres termes, il est important de comprendre que le Ghana et le Nigeria sont deux pays qui se ressemblent beaucoup et que nous interagissons ensemble presque tous les jours, en particulier pour quelqu'un comme moi qui a de la famille au Ghana et au Nigeria. En fait, on me demande souvent si je viens du Nigeria. Je ne suis pas Nigérian et je n'y ai jamais été. En tout cas, je pense désormais que cela signifie qu'il n'y a plus assez d'hommes au Nigeria, car cette question est souvent posée par des femmes.

Chapitre 5 : La première impression d'un étranger sur l'Amérique

Dans les années 1970, avant l'expansion de Newark Liberty et de Miami, le principal port d'accueil pour la plupart des étrangers était New York. C'était vraiment excitant de voir à New York des gens qui venaient de partout dans le monde, à savoir de Mongolie, de Russie... On croisait des Juifs, des Pakistanais, des Arabes, des femmes nigérianes qui portaient des turbans africains, des Hispanophones, des Noirs américains, des Blancs.

Avant, on ne voyait jamais la police nulle part, à moins que quelqu'un ne vous les ait envoyés. À vrai dire, au Ghana ou même à Londres, la police se comportait vraiment différemment et les officiers ne portaient pas un uniforme aussi passe-partout que celui porté par les policiers américains. Par conséquent, un étranger en train de contempler les immenses gratte-ciel de Manhattan pourrait ne pas remarquer la présence d'un policier à côté de lui. Il y avait des restaurants partout, mais si on ne sait pas prononcer les mots écrits sur le menu, on peut simplement dissimuler son ignorance en commandant un poulet.

À cette époque, les Africains n'avaient pas d'église où aller. Ainsi, leur manière de se sociabiliser consistait généralement à boire de l'alcool, de la bière et à s'inviter mutuellement à des soirées chez les uns et les autres le week-end. On peut en rire maintenant, car la plupart des Africains avaient déclaré sur leurs formulaires de demande d'obtention du visa qu'ils venaient ici pour faire des études. Finalement, ils ont rapidement déchanté et sont devenus chauffeurs de taxi. Quasiment personne ne parvenait à monter sa propre affaire, au contraire des Hispaniques, des Italiens et des gars de Chinatown ou du Bronx. Plus tard, comme les immigrés ont commencé à tisser des liens avec leurs homologues américains, beaucoup ont réussi à trouver des emplois plus convenables dans des écoles ou des universités.

Contrairement aux hommes, les femmes étrangères ou africaines trouvaient du travail assez vite, généralement comme cuisinières, nourrices ou aides-soignantes. Beaucoup éprouvaient des difficultés à parler la langue correctement. De toute évidence, c'était une habitude qui venait d'Afrique, et surtout les femmes africaines avaient généralement beaucoup plus d'enfants que les Américaines. L'été, les hommes jouaient au football. Pendant un moment, les Ghanéens avaient la meilleure équipe de foot de New York parmi les équipes composées d'étrangers.

Je n'ai vu personne se rendre à Broadway pour assister à des spectacles. Cela dit, beaucoup d'immigrés avaient entendu parler du Apollo Theater à Harlem, ainsi que de l'Église baptiste abyssinienne dirigée alors par un membre du Congrès Adam Clayton Powell. D'ailleurs, beaucoup savaient que James Baldwin avait grandi à Harlem et que Zora Hurston, Langston Hughes, Maya Angelou et Adam Clayton Powell y avaient vécu. Les années 1970, et les années 1960 également d'après ce que je sais, constituaient étaient une période fabuleuse à New York, en particulier à Harlem.

Jusque dans les années 1980, la plupart des Africains que l'on pouvait rencontrer dans les rues de New York avaient été formés à l'école selon le système d'éducation des Britanniques ou des Français. Peu de compétences modernes étaient enseignées dans leurs programmes scolaires. Le modèle pédagogique s'inscrivait dans la continuité d'un programme vieux de cent ans. Les garçons comme moi étudiaient le grec et le latin alors que les femmes apprenaient à s'occuper d'un bébé, à cuisiner ou à maîtriser les différentes tâches ménagères. Dans l'ensemble, les puissances coloniales n'ont pas accordé d'importance dans le développement des compétences et connaissances des Africains. Ils étaient davantage intéressés par l'extraction de notre or à Obuasi au Ghana, du pétrole brut au Nigeria, du minerai de fer en Guinée, et aussi par la culture de cacao. La négligence est restée d'actualité après l'obtention de l'indépendance. Aujourd'hui encore, la plupart des denrées exportées en Europe le sont à l'état brut, ce qui n'est pas vraiment rentable.

Par conséquent, il est logique de constater que les Africains qui partent en Amérique ou en Europe après la fin du colonialisme n'étaient pas dotés de compétences techniques, ils ne savaient pas utiliser un ordinateur, une caisse enregistreuse ou une radio dans un hôpital. Je me souviens que l'on pensait que c'était dévalorisant pour une Africaine diplômée de travailler dans une plantation. Ça aussi, c'est un héritage de l'empire colonial. À l'époque, on affirmait qu'une femme dépourvue de neurones devait travailler avec ses mains. Ce n'était pas complètement vrai, puisque ma mère avait étudié dans les années 1940 dans une école pour filles méthodiste dirigée par des missionnaires britanniques. Et elle savait taper à la machine. Ceci étant dit, elle ne s'est jamais rendue en ville pour chercher du travail, c'était une pâtissière. En outre, les garçons auraient dû apprendre à maîtriser l'utilisation des machines à écrire Remington et des systèmes NCR[12] et Univac[13], qui avaient été importés au

---

[12] NCR Corporation (le sigle « NCR » signifiait à l'origine « National Cash Register ») est une entreprise américaine, fondée en 1884 à Dayton (Ohio), mondialement connue pour ses caisses enregistreuses et ses distributeurs automatiques de billets (DAB).

Ghana. Ils auraient également pu être formés comme ouvriers pour travailler dans des usines. Tout ceci aurait pu contribuer à ce que l'on accomplisse des progrès significatifs au XXIe siècle pour atteindre une stabilité économique.

Mais la réalité était différente. Dans le nouveau monde américain, les Africains conduisaient des taxis à New York quand d'autres travaillaient dans des usines dans l'Ohio et à Worcester. Beaucoup sont devenus enseignants, et certains le

---

[13] L'UNIVAC I (UNIVersal Automatic Computer I) est le premier ordinateur commercial réalisé aux États-Unis.

sont encore aujourd'hui. Toutefois, il est rare de voir des Africains lancer leur propre entreprise dans le bâtiment comme le font les Hispaniques. En effet, ils détestaient l'idée de travailler avec leurs propres mains. Comme je l'ai déjà expliqué, c'est un héritage de la mentalité de l'époque coloniale.[14]

Ainsi, un jour en 1970 ou 1971, j'ai débarqué en Amérique et j'ai cohabité avec ma cousine qui se trouvait déjà sur place. Son mari était footballeur professionnel dans

---

[14]Lire le New York Times paru le 23 septembre 2020, "Report Links U. K. Treasures to Colonialism and Slavery", écrit par Elian Peltier.

l'équipe des New York Cosmos. Ma cousine et mon beau-frère m'ont trouvé un emploi dans une société qui vendait du matériel de sport, gérée par une famille allemande habitant à New York. À cette époque, cette famille avait perdu un fils et le deuxième s'apprêtait à partir pour le Viêt-Nam après avoir intégré la Navy. Au dernier moment, la Navy l'a réformé en justifiant son renvoi par une incapacité à servir, et il est rentré chez lui. Néanmoins, pendant son absence, j'avais un peu pris la place du fils défunt pour la femme de mon patron, et elle m'emmenait partout. Elle m'a fait découvrir plein de plats américains au restaurant, ainsi que les boîtes de conserve dans les supermarchés. Au début, c'était difficile pour moi de lire un menu au restaurant.

J'ai passé deux ans avec eux, mais il me fallait encore respecter les consignes de ma mère. Je devais poursuivre mes études universitaires dès que possible. Ainsi, je me suis inscrit à Husson College dans le Maine. Je suis également retourné à l'université parce qu'à l'époque, il fallait impérativement être inscrit dans un établissement scolaire pour un étudiant étranger, selon les lois de l'immigration dans un délai d'un à deux ans après son arrivée aux États-Unis. Il se trouve que 1973 a été une bonne année pour moi, puisque le gouvernement américain a approuvé ma demande de renouvellement de visa. En parallèle, le conflit militaire au Viêt-Nam se calmait et le Système de conscription américain a également décidé que je n'étais pas disponible immédiatement pour le service militaire car j'étais inscrit à l'université. Quand j'ai quitté New York pour le Maine, j'avais économisé entre 12 et 15 000 dollars. Une partie venait de sommes que j'avais réussi à épargner, et le reste je l'avais obtenu sous la forme de cadeaux que la femme de mon patron m'avait offerts de temps à autre.

Enfin, j'ai validé une licence universitaire à l'université Northeastern et une autre à l'université du Maryland, College Park à l'âge de 30 ans.

Chapitre 6 : Direction le Nord vers la Nouvelle-Angleterre

Comme je l'ai déjà expliqué, les étudiants étrangers fraîchement arrivés devaient respecter une règle de la loi américaine sur l'immigration qui exigeait des étudiants étrangers qu'ils renouvellent leur visa une fois par an ou tous les trois ans. Ainsi, je suis parti vers le nord dans le Maine en 1973 pour m'inscrire à l'université.

Mais j'avais une autre raison de partir là-bas. J'avais une amie,

Sheryl, dont la fille avait été assassinée par son ex-petit ami ; alors, elle m'a demandé de monter un dossier à partir des sources qu'elle avait collectées sur son affaire : des arguments établis par le gouvernement, ses propres témoignages, et le résultat des recherches qu'elle avait effectuées à partir de rumeurs dans le voisinage. Ensuite, j'ai synthétisé la liste des éléments clés de l'affaire en jeu, je les ai reliés entre eux et j'ai fait une copie avec le photocopieur de mon patron. Ma foi, ma première action en justice a été un succès. En effet, le procureur de Brooklyn a utilisé mon dossier pour prouver la culpabilité de Ron et le condamner à une peine de prison de 9 ans.

Maintenant, entre le moment où cette fille est décédée jusqu'au moment où le suspect a été condamné, la police est venue de temps à autre pour parler avec les personnes que mon amie Sheryl fréquentait à Brooklyn, dans le Bronx et à Manhattan, là où la mère de Sheryl vivait. La police s'est assurée que je n'avais pas commis de faute. En fait, ils étaient surtout perplexes et se demandaient comment j'avais pu préparer un tel dossier pour le procureur avec mon accent charmeur.

Je suis donc resté à Husson College, à Bangor, dans le Maine pendant six mois environ, j'y ai passé deux semestres je crois au cours de l'hiver 1973. À mes yeux, le paysage du Maine était vraiment magnifique. À l'époque, alors qu'il neigeait abondamment, je mangeais autant que je le pouvais et je passais mon temps dans l'immense gymnase de l'université. Alors, on n'était pas plus de dix sur le campus à venir de l'étranger. Cinq étudiants venaient du Nigeria, deux du Ghana (dont moi) et les trois autres d'Asie. Le vendredi soir, nous allions en voiture à l'université du Maine située à Orono. Leur campus était bien plus grand et il y avait de nombreuses étudiantes américaines blanches.

Je me rappelle qu'il y avait beaucoup de Noirs américains à Husson College. Les hommes venaient majoritairement de Brooklyn et de la partie de l'État située au nord de la ville de New York. Les femmes, elles, venaient du New Jersey et de Philadelphie. Je me souviens bien de Stephanie White, originaire de Patterson, dans le New Jersey. C'était la plus jolie fille que j'avais jamais vue. Depuis le jour où nous nous sommes dit au revoir, je n'ai jamais pu la revoir.

Puis, c'était l'hiver 1973 et Dorothy, la femme de mon employeur allemand, m'a fait savoir que je devrais rentrer à New York City, parce que c'était là que je devais être. Elle a précisé que les Catskills, c'était le nom de leur résidence familiale secondaire, était un bel endroit, qu'il y faisait bon et que je pourrais y manger autant de pommes que je le voudrais. Elle m'avait également dégotté un emploi à la boutique Soccer Sports de son mari, située sur 1st Avenue du côté est de Manhattan.

Alors, avant de revenir à New York, j'ai dû expliquer à mes amis nigérians de l'université que ma priorité était de retourner dans la ville que l'on surnommait Big Apple[15]. Par conséquent, au cours de mon séjour dans le Maine, j'ai fait la connaissance de cinq frères nigérians

---

[15] The Big Apple est l'un des surnoms pour la ville de New York utilisé par les New-Yorkais. La popularité de ce surnom date d'une campagne publicitaire du New York Convention and Visitor's Bureau des années 1970. La pomme est aussi le symbole de New York.

qui m'ont proposé de partir avec eux à Chicago après les cours d'été.

Mais Rubenstein, un bon ami juif, m'a déconseillé de partir à Chicago et m'a proposé de me reconduire à New York auprès de ma famille d'accueil allemande. Son avis a beaucoup compté à ce sujet car j'avais confiance en lui. J'étais d'ailleurs impressionné par sa connaissance des marchés financiers comme ceux de la Bourse. En écoutant ses conseils, j'avais même réussi à gagner un peu d'argent par le passé. Aucun Africain n'avait jamais entendu parler de la Bourse à l'époque.

Plus tard, j'ai compris que mes amis afro-américains de Brooklyn ne l'aimaient pas, et ils m'ont conseillé de m'en méfier. Mais cela n'avait pas de sens, car il appréciait les personnes de couleur.

Une fois en route pour New York, j'ai passé un moment chez son père à West Orange, une ville habitée uniquement par des Blancs. En revanche, East Orange était complètement peuplée par des Noirs. Un jour en 1975, Rubenstein m'a écrit pour m'apprendre qu'il avait déménagé et qu'il vivait désormais dans un kibboutz[16] en Israël. Il souhaitait que je vienne lui rendre visite quand je le voulais avec ma famille. Malheureusement, notre correspondance a cessé. En effet, je suis parti vivre à Worcester, dans le Massachusetts, la même année pour poursuivre mes études. Et j'ai laissé derrière moi tout mon courrier.

New York m'a toujours fasciné. N'importe quelle tribu sur Terre, n'importe quel plat de cuisine,

---

[16] Le kibboutz est une communauté délibérément formée par ses membres, à vocation essentiellement agricole, où il n'existe pas de propriété privée et qui est censée pourvoir à tous les besoins de ses membres et de leurs familles.

n'importe quelle odeur ou vêtement que l'on ne peut pas trouver ailleurs, on le trouve à New York City. Je n'en avais pas conscience avant de venir en Amérique.

D'après les heures que j'ai passées à observer les coins de rue, je pense qu'il y a plus d'Irlandais à New York que dans le Massachusetts. Dans le voisinage, il y avait des Irlandais, et je trouvais que ceux qui vivaient au sud de Boston étaient des personnes sympathiques, amicales et intéressantes. J'ai entrepris d'en apprendre davantage sur leur histoire. En effet, c'est un véritable exploit de parvenir à s'intégrer en Amérique après avoir été oppressé par les Britanniques et avoir survécu à la famine.

De nos jours, en particulier à New York et à Boston, de nombreux officiers de police et pompiers ont des origines irlandaises.

Cependant, les Irlandais n'étaient pas les premiers immigrés blancs à s'installer ici en provenance d'Europe. Avant eux, il y avait eu des Anglais et des Allemands. Comme ils étaient pauvres et possédaient peu de compétences, ils travaillaient souvent comme garants ou comme serviteurs sous contrat[17]. Plus tard, ils ont dirigé des syndicats de travail dans le Massachusetts. À vrai dire, ils n'ont pas brillé tout de suite, à part pour chanter et raconter des

---

[17] L'engagisme aux Amériques (équivalent français de *indentured servitude*, peut être aussi appelé *servitude consentie* indentured servants[)] était un moyen pour les immigrants de se rendre en Amérique du début du 17ᵉ siècle au début du 20ᵉ siècle. Les immigrants passaient un contrat les engageant à travailler pour un employeur aux Amériques pendant une durée spécifique (souvent entre un et sept ans et principalement 3 ans) en échange du financement de leur voyage par cet employeur. Celui-ci procurait à ses serviteurs de quoi vivre, mais aucun salaire; il pouvait restreindre leurs activités (notamment le mariage), vendre ou transférer le contrat à un autre employeur, et recourir à des sanctions légales comme l'emprisonnement si le serviteur fuyait. Au terme du contrat, le serviteur était libre de vivre sa vie aux Amériques ou de rester avec son employeur moyennant un salaire en échange de son travail. Dans certains cas, le serviteur libéré recevait un bien de valeur comme une parcelle de terre ou de nouveaux vêtements.

histoires. Et dans des temps plus récents, alors que les distinctions tribales se confondaient, les Irlandais restaient catalogués comme des gardiens de saloons, des policiers et des pompiers dans les villes de New York, Philadelphie et Boston. Certains ont gravi des échelons dans la hiérarchie de l'Armée américaine et de la police locale. Selon moi, dans les institutions américaines, on préfère embaucher des pompiers ou des agents du FBI d'origine irlandaise parce qu'ils sont considérés comme des hommes qui respectent les ordres sans sourciller.

J'ignorais cela avant de venir dans ce pays.

Ainsi, de retour à New York lors de l'été 1973, je suis resté avec mon patron allemand et sa femme la semaine. Et le week-end, quand nous n'allions pas aux Catskills, je sortais à Harlem. Avant d'aller à Harlem, je n'avais jamais vu autant de Noirs pris au piège comme c'était le cas sur la petite île de Manhattan. Lilian McIllwain, une amie, m'a présenté à ses sœurs Charlene et Michelle dont la mère vivait juste à côté d'elles à Lenox. Elles pensaient que si je n'avais pas vu l'Apollo, alors je n'avais pas vraiment vu New York. Malheureusement, le soir où on y est allé, j'étais ivre, et je ne me rappelle le nom du groupe qui a donné un concert.

Parfois, des diplomates et des immigrés Africains trouvaient le moyen d'organiser des fêtes immenses au cours desquelles l'alcool coulait à flots. N'importe quel prétexte imaginable suffisait pour faire la fête pour les Africains, lorsqu'ils choisissaient un prénom pour leur enfant, lors de funérailles, et surtout lors de mariages. La plus grande fête qui avait lieu à New York était la fête nationale du Ghana, célébrée le 6 mars. À cette époque, il n'y avait pas plus de 200 Africains dans toute la métropole New Yorkaise. Aujourd'hui, ils sont environ 2 millions.[18]

Malcolm X

Malcolm, le leader national noir, a suscité énormément d'enthousiasme avec ses sermons nationalistes dans les années 1960. On suppose qu'il a été abattu par l'un de ses camarades musulmans en 1967. Malgré cela, le

---

[18]Voir https://fr.wikipedia.org/wiki/Démographie_de_New_York#Répartition_de_la_population_par_groupe_ethnique

début des années 1970 a été marqué par une frénésie autour de ce personnage, de ses idées et de sa mort. Le groupe de musulmans s'est scindé en trois ou quatre factions et ils ont poursuivi leur propagande après sa disparition. De nombreux articles ont déjà été écrits à leur sujet, mais ils restent les représentants d'une organisation mystérieuse. Beaucoup de Blancs trouvaient curieux leurs choix de mode de vie et de noms d'usage. Ses sermons l'ont précédé, il parlait essentiellement d'hygiène, de foyers décents, de l'abstention de consommation d'alcool et de viande de porc, ainsi que d'entreprenariat. Ce sont des valeurs qui ont convaincu des Noirs des classes inférieures et moyennes de se rapprocher de leur organisation.

Mais la fragilité interne de leur oganisation a freiné son expansion. Par exemple, ils n'étaient pas actifs sur le plan local, même à une échelle locale où ils auraient pu soutenir des candidats pour les élections municipales. Cela leur aurait permis d'obtenir des subventions financières de la part du gouvernement et de soutenir leurs écoles. Les musulmans se tenaient à l'écart des politiques nationales et fédérales. Toutes les décisions qu'ils prenaient émanaient de leur quartier général à Chicago. C'était là leur faiblesse.

De son vivant, Malcolm a médiatisé la détresse des Noirs américains à l'étranger. Il a effectué une tournée au Moyen-Orient, s'est rendu au Ghana, puis en Grande-Bretagne mais le gouvernement lui a refusé d'entrer en France. À lui tout seul, il a accompli de grandes choses, et bien qu'il n'eût pas fait d'études supérieures, il a eu une grande influence dans le monde entier.

En tout cas, à sa mort, les musulmans membres du Temple de New York ont cessé toute relation avec les membres de l'organisation Nation of Islam[19] dont le quartier général était situé à Chicago. À cette époque, ce groupe était dirigé par Elijah Mohammed, le fondateur de l'organisation musulmane en Amérique. Puis, 20 ans plus tard, les musulmans se sont de nouveau

---

[19] Nation of Islam en français : « Nation de l'islam » est une organisation nationaliste noire, suprémaciste, et religieuse américaine, à l'origine de la plupart des organisations musulmanes actuelles de la communauté afro-américaine.

séparés et se sont divisés en plusieurs petits groupes. Cela dit, aujourd'hui, il y a environ 10 millions de musulmans aux États-Unis.[20] La plupart d'entre eux viennent des pays du Moyen-Orient.

<u>La puissance militaire américaine</u>

Avant la Seconde Guerre mondiale, les États-Unis ne disposaient pas d'une grande armée. En dehors des deux Amérique, leurs militaires n'étaient pas présents dans le reste du monde. Une fois que

---

[20] https://fr.wikipedia.org/wiki/Islam_aux_États-Unis

Franklin D. Roosevelt a décidé de participer à la Seconde Guerre mondiale, dont les principales batailles ont eu lieu dans les océans Atlantique et Pacifique, les États-Unis ont construit une immense armée et ont réquisitionné de l'acier et même du sucre, des produits destinés au public, à des fins militaires. Avec les défaites conjuguées de l'Allemagne et du Japon, les États-Unis sont devenus la seule superpuissance mondiale. Mais leur hégémonie n'a pas duré longtemps car les Soviétiques et les alliés des Américains les ont rattrapés.

Ainsi a débuté la guerre froide. Le diplomate américain Kagan a suggéré qu'il fallait contenir l'expansion des Soviétiques dans le monde et ensuite, les États-Unis ont établi des bases militaires en Angleterre, en Espagne, en Italie, en Allemagne, en Grèce, en Turquie, en Asie, au Japon, aux Philippines, en Thaïlande, au Liberia, en Australie et à Cuba. Cette politique visant à contenir les Soviétiques ou les communistes a conduit les États-Unis à s'impliquer en Corée dans une guerre statique contre la Chine. Cela étant dit, aujourd'hui, les États-Unis comptent environ 500 bases militaires et vendent pour près de 2 milliards de dollars d'armes à des pays étrangers dans le reste du monde chaque année.[21] Les Allemands et les Japonais ont payé des subventions pour accueillir les troupes américaines sur leur sol. Maintenant, il semble que les Japonais soutiennent financièrement

---

21 https://247wallst.com › special-report › 2020/03/09

https://www.state.gov › u-s-arms-transfers-increased-by-2-...

la présence des Américains sur leur sol, même si c'est à contrecœur, étant donné qu'ils possèdent désormais 32 bases militaires rien que sur l'île d'Okinawa. Lorsque des soldats américains en service sur ces bases commettent des crimes graves, comme des viols par exemple, ils ne sont pas jugés devant les tribunaux japonais mais ils sont renvoyés dans leur pays où ils écopent de sanctions légères. En outre, les jets de l'armée américaine basée à Okinawa causent du bruit, de la pollution, l'écoulement des eaux, sans compter que leurs militaires sont bagarreurs.

Beaucoup d'Américains et d'immigrés ignorent que les États-Unis dépensent environ un billion de dollars chaque année pour entretenir leurs bases militaires, leurs avions et leurs troupes à terre. Sachant que la dette nationale s'élève à 30 billions de dollars, on nourrit la crainte que des dépenses colossales en des temps de paix ne puissent pas être viables à long terme. Le président Joe Biden et son parti ont l'air de penser que la dette va s'effacer toute seule car ils continuent de l'augmenter.

Dans le même temps, des Américains ont quitté les États-Unis pour travailler dans des bases militaires américaines situées à l'étranger, notamment à Guam, aux Philippines et en Allemagne, où ils bénéficient d'un salaire supérieur à celui qu'ils touchaient dans leur pays. Sur n'importe quelle base ordinaire, il y a des écoles pour les enfants des soldats, une nourriture de qualité, des établissements médicaux, ainsi que d'autres avantages dont ils n'auraient pas pu bénéficier aux États-Unis. En bonus supplémentaire, leurs salles de bains sont nettoyées deux à trois fois par jour et ils ne paient pas de taxes lorsqu'ils font des achats à la coopérative.[22] On dirait qu'à part moi, tout le monde se réjouit de cet excédent déficitaire.

Les Noirs et les autres personnes de couleur constituent 40 % de l'Armée américaine. 50 % des femmes militaires de l'Armée américaine sont noires. L'élite des généraux de la Marine américaine est constituée de Blancs. L'Oncle Sam devrait être diplomate. En effet, une tourmente sur le plan racial pourrait

---

[22]Chalmers Johnson, Nemesis : The Last Days of the American Republic*, un roman broché.

avoir des conséquences sur l'armée et des répercussions négatives sur le moral des troupes.

Dans l'ensemble, contrairement à ce que l'on constate dans d'autres pays, les lois des États-Unis empêchent l'Armée américaine d'intervenir dans la politique intérieure du pays. Cependant, l'Insurrection Act, établi après la guerre de Sécession, permet au Président d'invoquer la milice pour mettre fin à des émeutes dans différents états comme cela a failli se produire le 6 janvier 2021.

Quand la tragédie du Viêt-Nam nous touche personnellement

À son apogée, les États-Unis comptaient environ 500 000 soldats sur le terrain au Viêt-Nam. Ils étaient dirigés par le général Westmoreland. Puis, Nixon et Henry Kissinger sont arrivés et ont cherché à se rapprocher de la Chine et de l'Union Soviétique pour apaiser les tensions à l'échelle mondiale. Dans toutes ces situations explosives et ces conflits militaires, aucune des principales puissances n'a eu recours à l'arme nucléaire. Cela prouve combien le monde a évolué.

Bien que la Guerre du Viêt-Nam se poursuivît en 1965, à part dans les actualités rapportées par Newsweek, le New York Times et la BBC, il était difficile de rencontrer un soldat qui était parti au Viêt-Nam pour se battre et qui était rentré à la maison en bon état.

Finalement, cette curiosité a été assouvie quand l'une de mes amies, Geraldine, m'a présentée un jour à son frère David Hinton en 1973. À cette époque, leur famille vivait à White Plains ou Westchester, dans l'État de New York. David m'a fait part de la brutalité de cette guerre, il m'a également confié les circonstances de son renvoi indigne. Un groupe de soldats noirs de son peloton avait refusé de charger sur une colline. Toutefois, leur commandant blanc aurait dû savoir que c'était une opération vaine.

Ainsi, David Hinton et ses camarades ont été réformés pour insubordination, un véritable déshonneur, ce qui signifie qu'aucun d'entre eux n'avait droit à la pension accordée aux soldats qui avaient servi leur pays. Malheureusement, cela n'a pas été la fin de ses problèmes. En effet, il a rapidement appris par l'Oncle Sam que sa concubine vietnamienne rencontrée là-bas ne pouvait pas être admise sur le sol américain parce qu'ils n'étaient pas mariés. En prime, le gouvernement américain ne donnait pas l'autorisation à Hinton de retourner au Viêt-Nam parce que c'était devenu une zone de guerre et que le gouvernement ne pouvait pas garantir la sécurité du fiancé.

À cause de tout ça, M. Hinton a plongé dans la dépression, n'ayant personne vers qui se tourner. Je me rappelle que son père a travaillé autrefois dans une équipe d'entretien de la voie ferrée du réseau souterrain de New York. Mais il a fini cloué au lit à cause de l'asthme. Il a vraiment souffert et il toussait bruyamment toutes les cinq minutes quand il était alité. À cette époque, je ne savais pas qu'Hinton pouvait écrire au Congrès pour demander de l'aide.

J'ai rencontré un vétéran noir du Viêt-Nam pour la seconde fois en 1973. Une autre amie de Harlem m'a présenté son copain qui venait à peine de rentrer du Viêt-Nam et qui se préparait à y retourner. Je n'ai pas vraiment connu ce grand Antillais, j'ai malheureusement rapidement appris sa mort au combat au Viêt-Nam. Personne n'a pu me dire quel était son grade, dans quelle province il est mort, ni depuis combien de temps il se trouvait là-bas. En général, les gens issus des communautés minoritaires oublient rapidement l'existence de leurs semblables.

Cela fait partie des tragédies qui se produisent régulièrement dans les communautés minoritaires. Des événements mineurs ou importants sont facilement mis de côté, car on ne les restitue pas par écrit. J'imagine que si j'avais conservé des lettres de ce soldat et les souvenirs de son expérience au front, l'Armée actuelle aurait pu ériger une statue en son honneur pour que l'on se souvienne avec fierté de son service militaire. Si mon amie Lillian McIllwan était restée en contact avec lui, nous aurions au moins pu joindre Kevin Shruggs, le Chef du groupe Viêt-Nam, afin d'inclure son profil de vétéran antillais sur le Mémorial des anciens combattants du Viêt-Nam[23] à Washington, DC. Cela aurait donné du sens à sa mort.

---

[23] Le Vietnam Veterans Memorial ou Mémorial des anciens combattants du Viêt-Nam est un mémorial national dédié aux soldats américains morts pendant la guerre

En dehors des grandes guerres, le grand public n'est pas conscient que les Américains aient été impliqués dans plusieurs petites escarmouches. Un bon exemple est la Baie des Cochons, une tentative de chasser Castro qui s'est soldée par un échec. Ensuite, il y a eu le point culminant du conflit entre l'Occident et les Soviétiques qui s'est matérialisé par une crise nucléaire à Cuba. Et il n'y a pas si longtemps, des US Navy Seals ont ruiné un mariage en tuant en plein milieu de

---

du Viêt-Nam. Il est situé à Washington, D.C., aux États-Unis, dans les Constitution Gardens, parc adjacent du National Mall, au nord-est du Lincoln Memorial.

la nuit des habitants irakiens qui faisaient la fête. Il y a également eu d'autres incidents. Par exemple, en 1979 quand le président Jimmy Carter a essayé de sauver 44 citoyens américains en Iran. Un fiasco. Il n'y a pas eu de conférence au Congrès au sujet des agissements des troupes américaines, et le public n'a jamais été informé des détails précis. Disons que le Pentagone préfère ne pas raconter certaines histoires à la population. Il s'agit donc d'une partie des facettes cachées de l'Amérique.

**Troisième Partie :**

Réflexions et perspectives sur l'Amérique

Chapitre 7 : Le système de classes en Amérique

Dans le royaume politique qui s'est constitué après l'abolition de l'esclavage, les minorités ont parcouru un grand chemin. Aujourd'hui, des Noirs occupent la fonction de maire à DC, Atlanta, Richmond et dans d'autres villes. Le procureur général de New York est une femme noire. Tout ça est le résultat d'un système politique formé en deux parties principales, les deux pouvant être identifiées à l'échelle locale et fédérale. C'est un véritable progrès accompli, durant 50 ans, grâce aux initiatives de Lyndon B. Johnson pour faciliter l'accès au logement et l'équité dans la recherche de l'emploi. L'affaire Brown c. Topeka[24] a également ouvert les portes à l'amélioration de la scolarité pour les Noirs.

---

[24] L'arrêt du 17 mai 1954, baptisé du nom d'un écolier noir, Brown, qui s'était vu refuser l'accès à une école blanche de Topeka (Kansas) fait droit aux demandes de Thurgood Marshall, avocat de la NAACP et futur juge à la Cour, et du gouvernement fédéral représenté par l'adjoint au Ministre de la Justice. Juridiquement l'arrêt est une victoire car elle annule toutes les lois ségrégationnistes issues de l'arrêt Plessis v. Ferguson et prononce la fin de la ségrégation au sein des écoles publiques.

Des obstacles dans le système éducatif

Un problème subsiste avec les écoles des Noirs, depuis l'école élémentaire jusqu'aux plus prestigieuses. En effet, elles négligent les juridictions locales qui leur permettraient de les financer convenablement. Jusqu'au niveau universitaire, beaucoup ne bénéficient pas de livres contemporains en bon état, sans parler du matériel et des installations des laboratoires scientifiques qui sont archaïques. Tout ceci affecte le standing académique des étudiants quand ils se lancent dans des études supérieures. Pour finir, les étudiants noirs ne sont pas préparés correctement pour concourir sur le marché de l'emploi, ce qui limite leur aptitude à obtenir un très bon salaire. Environ 28 % des étudiants des minorités abandonnent l'université avant son terme, ou ne s'y inscrivent pas.[25]

Avec de tels progrès, en particulier dans les universités dirigées par des personnes issues de communautés

---

[25]Compte-rendu de la National School Boards Association, "Black Students in the Condition of Education 2020"*, https://nsba.org/Perspectives/2020/black-students-condition-education

minoritaires (Morgan State, Howard et Fisk Universities), des immigrés noirs qui ont grandi avec le modèle scolaire britannique pourraient trouver le système américain bien plus simple. En effet, le système britannique reposait sur la répression dans le but de préserver le système des classes au sein des colonies. Cela étant dit, le système scolaire américain a également son propre système de classes. Par exemple, la plupart des étudiants blancs qui ont étudié à la Harvard Business School n'avaient pas vraiment un profil académique différent des étudiants lambda. Ils étaient surtout blancs et issus de familles riches. En fait, leurs résultats au Law School Admission Test[26] (test d'admission à la faculté de droit) n'étaient pas excellents, mais une fois diplômés, ils trouvaient facilement un emploi.

En outre, de grandes sociétés bancaires comme Chase Manhattan, Citibank, Chemical Bank et Manufacturing Haniver Bank sont, à

---

[26] Le test d'admission aux écoles de droit (Law School Admissions Test ou « LSAT ») est un test standardisé qui évalue les compétences nécessaires à la réussite des études de droit, telles que la compréhension de l'écrit, le raisonnement analytique, le raisonnement logique et la communication écrite.

mon avis, des endroits totalement inaccessibles maintenant ou à l'avenir pour des étudiants nés à l'étranger. Lyndon B. Johnson a essayé de lutter contre cet obstacle. Cette barrière existe encore, puisque des étudiants asiatiques inscrits à Yale et à Harvard ont récemment lancé une campagne juridique pour résoudre ce problème.

<u>L'inégalité des chances dans la recherche d'emploi et de logement</u>

En ce qui concerne la bataille qui a lieu dans le domaine du logement, le but de la propagande américaine menée pendant la guerre froide contre les Soviétiques était d'avoir une nation unie et que l'on ne pourrait scinder en classes. Mais on comprend vite qu'une personne blanche peut trouver un emploi ou un appartement bien plus vite qu'une personne noire dans des villes comme New York ou Boston. Je vous recommande la lecture de *Deaths of Despair and the Future of Capitalism,* un livre dans lequel les auteurs Anne Case et Angus Deaton expliquent que la structure dans ce département a évolué depuis la fin de la période esclavagiste, c'est-à-dire depuis la loi Jim Crow[27]. En fait, il y a moins d'un mois, Joe Biden a lui-même affirmé à la télévision qu'il n'y avait pas de racisme en Amérique. Cependant, tout le monde sait qu'il ne le pensait pas. Comme je l'ai expliqué, les secteurs de l'emploi et du logement souffrent encore des blessures du passé. Harlem à New York et Roxbury à Boston sont des quartiers qui le prouvent et qui en portent encore des cicatrices.

---

[27] Les lois Jim Crow sont des lois nationales et locales issues des Black Codes imposant la ségrégation raciale aux États-Unis et promulguées par les législatures des États du Sud de 1877 à 1964.

Comment cela se fait-il qu'il y ait tant de sans-abri dans le pays le plus riche au monde ?

D'après mes souvenirs des années 1960, il y avait peu de sans-abri à New York. On les appelait, les alcoolos des trottoirs. Mais le nombre de sans-abri a explosé de 1 000 % dans les années 1970. À l'époque, des propriétaires se sont mis à incendier volontairement leurs propriétés, en particulier dans le Bronx, dans le but de percevoir des remboursements de la part des assurances.[28] En conséquence,

---

[28] https://ny.curbed.com/2019/5/3/18525908/so

beaucoup de locataires d'anciens immeubles ont été mis à la rue. Quand Koch, l'ancien maire de New York, et David Dinkins ont affirmé que la ville possédait les moyens de loger tout le monde, le gouvernement a inauguré plusieurs refuges pour sans-abri et ils ont même agrandi des motels pour héberger des SDF. Avec le temps, des logements temporaires sont devenus des logements permanents. Cela s'est également produit à DC lorsque l'ancien DC General Hospital est devenu un lieu de refuge pour des

---

uth-bronx-fires-decade-of-fire-vivian-vazquez-documentary

familles pendant vingt ans. Cependant, certains de ces individus préféraient vivre sous les ponts ou retourner dans des bâtiments abandonnés à Baltimore, dans des stations d'essence et dans des écoles. Toutefois, New York n'a pas dépensé autant d'argent pour sa population que ne l'a fait San Francisco. En 2019, cette ville a dépensé 852 millions de dollars pour le logement des sans-abri.[29] Mais cela n'a pas permis de réduire leur nombre.

---

[29] https://www.hoover.org/research/only-san-francisco-61000-tents-and-350000-public-toilets

Pour un étranger qui n'est pas habitué à de tels convois d'humains, c'est déconcertant de se demander qui est responsable du fait que des SDF américains dorment dans des trains ou sous des ponts. Occasionnellement, on pourrait apercevoir un homme africain sans-abri dormir en forêt. En revanche, une Africaine ne s'éternise jamais dans un refuge. Les personnes en relation avec des membres de leurs familles élargies les aident habituellement à en sortir. Les étrangers devraient être informés de cet aspect tragique de la vie en

Amérique, quand personne ne se soucie de l'endroit où l'on pourrait être amené à dormir le soir. Un SDF pourrait très bien avoir un emploi stable, il n'empêche que cela pourrait être tout de même insuffisant pour payer un loyer. Pour l'expliquer simplement, comme l'évolution du salaire n'est pas corrélée avec le coût de la vie, un foyer de quatre personnes qui perçoit moins de 80 000 dollars par an n'a pas les moyens pour louer un T1 dans une ville comme San Francisco. À New York, cela pourrait être légèrement moins compliqué, mais la moindre perte de salaire sur les revenus annuels pourrait mettre une famille à la rue. Il est grand temps que les Américains s'occupent de ce problème en imaginant un plan audacieux.

<u>Le vol puni par les états en Amérique</u>

Une autre information qui pourrait ne pas être portée à la connaissance des immigrés non-Blancs : malgré le fait que des lois sur le travail sont promulguées par les membres des branches fédérales et nationales du gouvernement, certains employeurs malhonnêtes préfèrent faire appel à des autoentrepreneurs issus de l'immigration afin de les escroquer avec les taxes et de les priver d'une partie de leurs bénéfices.

Ce genre de situation arrive souvent aux ouvriers dans les usines, aux nourrices, aux jardiniers et aux ouvriers immigrés qui travaillent sur des sites loin de leur foyer. En fait, le cabinet d'avocats Steptoe and Johnson de DC a permis de manière officieuse à des immigrés hispano-américains de récupérer une importante somme d'argent qui leur était due par une société importante en Amérique il y a quelques années. De toute évidence, les difficultés des ouvriers immigrés à comprendre l'anglais les ont desservis.

Je n'étais pas au courant de cette supercherie jusqu'à ce que des années plus tard, nous ayons été confrontés au même problème. Cela s'est produit lorsque Costco, une chaîne de distribution située à Arlington, a sollicité nos services pour repérer des terrains qu'ils pourraient exploiter afin de poursuivre leur développement. Avec mon épouse, nous avons fait une enquête concernant une douzaine de terrains situés entre le Delaware et Baltimore. Douze semaines plus tard, après avoir remis notre compte rendu à Costco, M. Leuck a refusé de nous régler la facture de 60 000 dollars. Leur action symbolise le travail gratuit fourni par les Nègres américains pour façonner ce pays. À vrai dire, aucun média américain ne mentionne ce constat déplorable.

Les délinquants en politique

Steny Hover, un membre du Congrès américain est un bon

exemple d'homme politique incompétent. Je me souviens que durant les 38 années que j'ai passées dans le comté de Prince George dans le Maryland, M. Hoyer n'est jamais sorti avant la semaine dernière, semaine précédant les élections nationales. Il ferait mieux de donner son argent à une organisation qui soutient les sans-abri ou au centre Boys Town[30] cher au père Edward J. Flanagan.

---

[30] Boys Town est un centre familial et éducatif à la pédagogie originale basée sur la responsabilité personnelle, fondé par Edward J. Flanagan, un prêtre catholique américain. Boys Town signifie littéralement « La Cité des Garçons ».

Il n'est pas le seul politicien inutile, on peut citer également Barbara Mikulski. Pendant 20 ans, j'ai tenté de solliciter son aide pour empêcher la Small Business Administration[31] (SBA) et le juge Messitte, du Maryland, de nous voler nos entrepôts. Je lui ai adressé plusieurs courriers et je me suis rendu à de nombreuses reprises à son bureau à Baltimore. Toutefois, mes efforts n'ont pas été récompensés. Dans le cadre d'un

---

[31] La Small Business Administration est une agence indépendante du gouvernement américain ayant pour but d'aider, conseiller, assister et protéger les intérêts des petites entreprises. Elle a été créée par le Small Business Act, une loi votée en 1953.

recouvrement de dettes, l'agent, Emil Hirsch, n'avait aucun droit à agir comme il l'a fait. Pourtant, il a conspiré avec le juge Messitte et le procureur Rosenstein qui ont ordonné une injonction et une ordonnance restrictive. Cette condamnation m'a conduit en prison pour un bon moment, si longtemps que quand j'ai été libéré, mon entreprise avait fait faillite. Le juge Messitte a menacé Paul Kramer, mon avocat, de l'emprisonner lui aussi s'il continuait à me représenter. Alors, j'ignorais que le droit à un procès en bonne et due forme n'était pas tout le temps respecté en Amérique.

Parren Mitchell, un modeste membre noir du Congrès, originaire de Baltimore, s'est toujours efforcé de soutenir les petites entreprises, quelle que soit la couleur de peau de leurs gérants.

Retenez le nom d'une autre politicienne qui ne sert à rien, Mme Eleanor Holmes. Pendant toutes les années où nous avons vécu dans la région de DC, Mme Holmes a toujours pris soin de nous éviter quand nous venions la voir à son bureau afin de lui demander de l'aide pour résoudre un problème avec le gouvernement. Pourtant, dans sa jeunesse, elle trouvait toujours le temps de faire du footing avec Bill Clinton.

Des problèmes surgissent de temps à autre, des propriétaires frustrés pourraient finir par se rallier à un groupe extrémiste ou à écouter des marginaux parce qu'ils ont été déçus par le parti politique au pouvoir. Voilà des facettes que beaucoup d'Américains ignorent sur le système. Ils préfèrent accepter des déconvenues dues au manque d'action des représentants de leur parti politique.

Néanmoins, avec ma femme, nous accordons du crédit à quelques politiciens compétents que nous avons rencontrés, comme le défunt Marion Barry, ancien maire de DC. Il nous a aidés à obtenir des contrats auprès de l'état quand nous avons lancé notre entreprise. Il y a également eu Parren Mitchell, un membre du Congrès de Baltimore. Sans oublier le sénateur américain Ted Kennedy du Massachusetts. Il a nous aidés à obtenir un titre de séjour sur le sol américain pour l'une de mes sœurs. Kennedy m'a également offert mon premier emploi dans la fonction publique. L'ancien président, George Bush, Sr, a également soutenu mes frères et sœurs. Si quelques politiciens en activité aujourd'hui faisaient preuve d'autant de compétence que leurs prédécesseurs, les gens seraient moins frustrés par la société américaine.

Par la suite, nous avons compris que la meilleure méthode pour gagner le soutien d'un homme politique est de participer à l'une de ses campagnes électorales. Et si l'on a vraiment besoin d'un grand service, il faut sortir de sa réserve et démarcher un lobbyiste. Parmi eux, il y a des avocats et aussi d'anciens membres du Congrès. Ici, depuis que les gros bonnets sont de la partie, les employer s'avère coûteux. Mais ce genre de cercle professionnel bien informé est un élément clé du fonctionnement du gouvernement.

Chapitre 8 : La justice à l'américaine ; les minorités escroquées en beauté dans les tribunaux américains

Contrairement à ce qu'une personne normale pourrait croire, un tribunal américain n'est pas un lieu de débat neutre où les personnes issues des minorités bénéficient d'un procès équitable en bonne et due forme. Certains juges ne sont pas américains, et d'autres sont de connivence avec votre adversaire. Par exemple, le juge Peter J. Messitte a recours au service des marshals américains et du FBI pour extorquer de l'argent aux défendeurs. Aucun de ces abus n'est dénoncé dans des articles de presse par le New York Times et par le Washington Post. Une autre anecdote : le Dr Cooke officiant dans le Comté de Montgomery en Pennsylvanie a établi un profil psychologique de ma personne en 2008-2009 et me l'a facturé environ 2 000 dollars. Mais son compte rendu était basé sur des rumeurs et des on-dit puisque je n'ai jamais parlé à ce psychologue que je n'ai même pas rencontré. Rod J. Rosenstein, le procureur américain à l'époque, et mon avocat savaient ce qui se passait. Et au lieu de demander au juge président J. R. Goodwin d'invalider ce compte rendu pendant le procès, ils ont autorisé le juge à inclure ce faux compte rendu psychiatrique afin de me condamner, en arguant que je n'étais pas en bonne santé mentale. J'ai eu de la chance, le juge aurait pu m'envoyer dans un hôpital psychiatrique pour une durée indéterminée. D'habitude, on ne se rend pas compte du rôle que joue un procureur, mais il peut influencer le dénouement d'une affaire.

Il est probable que de nombreux Américains ignorent que la juridiction de John Roberts, le juge en chef de la Cour suprême se limite seulement au bâtiment de la Cour suprême. Apparemment, Roberts n'a aucune autorité sur les juges des cours d'appel et de district. En prime, Roberts est à la tête d'une autre branche gouvernementale qui n'a aucune influence. Mais comment cela se fait-il qu'il perçoive un salaire égal à celui du vice-président des États-Unis, sans compter qu'il a droit au journal et au café gratuitement tous les matins ? Pour préserver les contribuables de cette routine, peut-être faudrait-il envisager de réduire la durée du mandat du juge en chef à 20 ans et celui des juges de district à 10 ans, pour les sauver de l'ennui.

Bien qu'ils donnent l'impression de ne pas se soucier des personnes lambda, Thurgood Marshall et Earl Warren, des juges de la Cour suprême, ont prouvé qu'ils se préoccupaient des petites gens.

En réalité, nous ignorons beaucoup de choses au sujet de la loi. Cela peut expliquer pourquoi il y a beaucoup de gens issus des minorités qui se font incarcérer, y compris ceux qui sont nés à l'étranger. Par exemple, si la police récupère un objet dans la propriété privée d'un défendeur sans en avoir l'autorisation, selon la loi, la police ne pourrait pas utiliser cet objet pour le poursuivre en justice et le condamner. En effet, il s'agirait d'une violation du quatrième amendement. Le défendeur pourrait intenter un second procès.[32]Or, la plupart des défendeurs issus des communautés minoritaires ne connaissent pas cet amendement et peuvent être facilement reconnus coupables si leur avocat commis d'office n'y prête pas d'importance.

Une autre loi est régulièrement enfreinte par les forces de l'ordre. Normalement, un officier de police devrait avoir un motif suffisant pour procéder en urgence à une arrestation ou pour effectuer une fouille sans mandat. On appelle cela des « situations d'urgence ». Mais un officier de police devrait donc avoir

---

[32] Riley c. California, 573 U. S. 373

une raison concrète pour procéder à la fouille ou à l'arrestation d'un suspect en absence de mandat. Un mandat qui n'est pas justifié par une urgence devrait être authentifié pour ne pas alimenter des ragots, sinon la procédure ne serait pas réglementaire. Ce sont des cas de figure qui échappent aux membres des communautés minoritaires.

À mon avis, beaucoup de juges américains ne s'illustrent pas par une grande sagesse. Par exemple, le juge Reggie Walton de la Cour de district américaine de Washington ou le juge Alexander Williams de la Cour de district américaine du Maryland. Je me souviens qu'il y a environ 25 ans, le Sénat des États-Unis a différé sa nomination car ils avaient des doutes concernant les compétences de Williams sur le plan rédactionnel. Williams est un ancien étudiant de l'université Howard. Avec mon épouse, nous nous sommes ralliés à d'autres personnes pour plaider sa cause, et il a été nominé. Dans le même registre, au cours d'un débat public en 2009, Walton, le juge de la Cour de district américaine, a reconnu que jusqu'à l'âge de 17 ans, il était à moitié illettré et ne savait pas lire, ni écrire correctement. Pour votre gouverne, Williams et Walton sont noirs. J'ai immédiatement compris de quoi il parlait et pour quelle raison il me détestait quand l'ancien procureur fédéral Rosenstein et ses amis m'ont envoyé en prison après nous avoir dérobé nos biens. Au cours des neuf mois passés dans une prison fédérale, j'ai lu environ deux cents livres. C'est pour cela que j'ai prévu d'utiliser mes connaissances pour écrire ce livre, dans le but d'informer les gens à propos des dangers dont on n'a pas conscience lorsque l'on se retrouve dans un tribunal américain.

Pour faire cesser les abus, les mandats des juges fédéraux devraient être limités à 10 ans d'exercice, ceux des juges de la Cour suprême à 20 ans, et les casiers judiciaires devraient être effacés une fois qu'un défendeur a purgé sa peine et qu'il s'est complètement acquitté de son amende. Ainsi, il n'y aurait plus besoin d'avoir recours à la grâce, et les anciens délinquants ne seraient plus harcelés.

Maintenant, si la civilisation américaine devait être dirigée par des gens tels que les juges P. J. Messitte, Alexander Williams et le procureur Rosenstein, cette nation n'aurait aucun avenir. Dans l'affaire qui nous concernait, il pensait que parce que nous étions noirs, nous ne savions pas comment procéder. Je me souviens du premier jour des audiences préliminaires, avant que nous ayons l'opportunité d'engager des avocats... Messitte a raconté à l'US marshal en service qu'après nous avoir pris en photo et relevé nos empreintes digitales, moi et ma femme, nous devrions être détenus jusqu'à ce qu'il prenne le temps de décider si nous pouvions dormir ou non chez nous cette nuit-là. Ce qui est curieux, c'est que cette affaire était traitée par le juge Derby du tribunal des faillites. D'ordinaire, le juge Messitte ne s'occupait pas de dossiers liés à la faillite d'une entreprise. Je ne sais pas comment il a fait, mais il s'est rendu au tribunal des faillites et a transféré notre dossier dans son tribunal pour y délibérer. Il a donné deux millions de dollars provenant de nos biens à Emil Hirsch, le chargé de recouvrement qui était à la fois son ami et son homme de terrain. Le juge

Messitte est un homme blanc diplômé à la Northwestern Law School. Et lorsque je me suis défendu, Messitte m'a envoyé en prison pour un bon moment, si bien que quand j'ai été libéré, notre entreprise était ruinée.

Nous avons engagé plusieurs avocats : Paul Kramer, Stanley Alpert et Maher, dirigé par Michael Schatzow, un ancien procureur américain, ainsi que F. WS. Bennett et quinze autres avocats qui ont tous retourné leur veste et ont collaboré secrètement pour qu'Emil Hirsch et le juge Messitte puissent s'approprier nos capitaux. Cela peut paraître incroyable mais c'est vrai. Le juge Messitte a menacé tous nos avocats d'outrage à magistrat s'ils s'acharnaient à nous défendre ou à l'empêcher de s'en prendre à nos biens. Voir l'affaire américaine #PJM03-2241, Kissi c. Pramco II LLC. En tout cas, nous avons dépensé un million de dollars en honoraires parce que les avocats démissionnaient à cause des menaces de Messitte et qu'il nous fallait engager un autre cabinet qui allait nous facturer encore plus cher. Voilà comment Messitte saigne les gens jusqu'à la mort. Et des personnes qui ignorent les détails de cette affaire se demandent toujours pourquoi aucun avocat ne nous a défendus jusqu'au bout. Pendant ce calvaire, personne n'a levé le petit doigt pour nous aider. Cela m'a appris que mes amis blancs ne font pas de prisonniers et qu'ils gardent leurs distances avec nous en cas de problème. Par la suite, j'ai plaidé ma cause au président Obama et à son épouse, ainsi qu'à Joe Biden, mais cela n'a rien donné. Je ne savais pas comment le système américain fonctionnait.

Quelques mois plus tard, Messitte a quitté l'intimité de sa cour pour venir témoigner contre moi. Le même juge qui m'avait jugé dans une histoire d'outrage à magistrat en mai 2004. De toute évidence, il s'agissait d'un règlement de comptes. Mais Obama n'a rien fait. Plus tard, nous avons appris que Rod J. Rosenstein, le procureur américain du Maryland, était un camarade d'Obama à Harvard et qu'Obama ne voulait pas l'embarrasser, ni lui ni aucun de ses amis de Harvard ou de Chicago, en nous aidant.

Introduction en droit américain

Tout d'abord, le pilier de la jurisprudence américaine est constitué de la police dans les rues, d'avocats privés, d'avocats commis d'office et de procureurs. Ensuite, si l'on grimpe dans la hiérarchie et que l'on va dans les tribunaux, on trouve de nombreux juges, puis au-dessus les procureurs fédéraux et la Cour suprême. Personne ne sait que le droit britannique (*common law*) a été en partie adopté il y a plus de neuf siècles quand le roi Guillaume 1er, appelé Guillaume le Conquérant, a rassemblé sa cour, ses lords et ses dames pour instaurer la diminution des pouvoirs du roi. Il a réformé la loi de telle sorte que si un citoyen était poursuivi en justice, il avait droit à un procès en bonne et due forme sur le plan légal.

Cette loi a été appliquée correctement jusqu'à il y a quarante ans environ. Alors, les procureurs américains ont fait preuve de zèle pour condamner autant d'accusés que possible afin de contrer l'expansion du crack. En effet, ils ont recommandé d'infliger des peines sévères, allant de vingt à vingt-cinq ans de prison pour possession de petites quantités de drogue, un délit sanctionné par seulement six mois d'emprisonnement en Suède. Joe Biden a été le principal responsable de cette tempête. Toutefois, avec le recul, on peut constater qu'il était bien intentionné puisqu'il se souciait du respect de la vie et de la propriété. En fait, depuis 2016, on compte 2,1 millions d'individus en prison. Pour l'exprimer d'une autre manière, il y a plus d'individus incarcérés en Amérique que dans n'importe quel autre pays dans le monde. Peu d'Américains connaissent cette information. Ils n'exercent pas non plus de pressions sur les politiciens pour promouvoir la mise en place de réformes dans l'application des peines carcérales. En effet, ces peines devraient avoir pour but d'aider ces individus à se reconstruire et non le contraire.

Chapitre 9 : La police américaine et les affaires criminelles

Il y a plus d'un siècle, il y avait à peine quelques policiers en Amérique. Seuls les riches propriétaires d'usines dans le Michigan et le Massachusetts bénéficient de leurs propres forces de police pour protéger leurs syndicats et leurs usines, des hommes comme Henry Ford, les seuls à pouvoir s'offrir leurs services. Mais avec l'augmentation de la population dans des villes comme New York, Chicago et Los Angeles, sans oublier l'expansion des banlieues qui débordaient de monde, des agents professionnels ont été engagés par les autorités locales, fédérales et nationales. Avant la promulgation du Patriot Act, la législation mise en vigueur par l'administration de Bill Clinton, ce dernier a accordé aux gouvernements fédéraux une aide financière suffisante pour recruter 100 000 policiers supplémentaires dans différents quartiers. Il a également durci les peines et les condamnations, notamment par l'intermédiaire de la loi des trois prises[33]. Malheureusement, cela a abouti à l'incarcération massive d'hommes noirs. Personne n'en a parlé jusqu'à ce que Bill Clinton lui-même présente ses excuses.

Cela étant dit, la nation actuelle compte environ un million de policiers à qui l'on a attribué différents profils et statuts. Un policier sur huit est de sexe féminin et un sur quatre est issu d'une communauté minoritaire. Voici

---

[33] La loi des trois prises est une disposition législative en vigueur aux États-Unis, tant au niveau fédéral qu'au niveau de plusieurs États, permettant ou contraignant les juges à prononcer des peines de prison perpétuelle à l'encontre d'un prévenu condamné pour la troisième fois pour un délit ou un crime.

certains des organismes des forces de l'ordre américains :

- Le FBI
- La DEA[34]
- Le Département de la Sécurité Intérieure
- Les agents du département du Trésor des États-Unis
- La police du comté, de la ville et la police fédérale
- La police des campus universitaires
- Les inspecteurs du logement
- Les agents de polices des villages et communes
- Et beaucoup d'autres encore que nous ne connaissons même pas.
- Les services secrets

---

[34] La Drug Enforcement Administration est une agence fédérale américaine d'application de la loi dépendant du département de la Justice des États-Unis, chargée de lutter contre le trafic et la distribution de drogues aux États-Unis.

Chiffres actuels sur les effectifs des officiers de police aux États-Unis :

Type d'agence	Nombre d'officiers assermentés à temps plein	Pourcentage sur l'effectif total
Police locale	461 063	52 %
Police d'État	60 772	23 %
US Special Police[35]	55 968	6 %
Police fédérale	120 348	14 %
Estimation de l'effectif total = 1 million d'officiers		

Sources :
Brian A. Reaves, Bureaux du gouvernement fédéral des États-Unis, 2000, Washington, DC. Census of State and Local Law Enforcement Agencies[36], 2008 Washington, DC.

---

[35] Les officiers de l'US Special Police travaillent pour une seule juridiction, comme par exemple une entreprise, un hôpital, un parc public.

[36] Compte-rendu à propos des effectifs des différentes agences des services de

Bureau of Justice Statistics[37], 2011

En général, en Amérique, les policiers que l'on voit dans la rue ont pour mission d'assurer la sécurité du quartier et de préserver l'ordre. Ils contrôlent le respect des règles de circulation, ils aident les pompiers, viennent en aide aux chiens errants et conduisent des femmes enceintes en urgence à l'hôpital. Ils luttent également contre le crime, et on signale régulièrement que de nombreuses patrouilles de police

---

l'ordre aux États-Unis.
[37] Le Bureau of Justice Statistics est l'agence qui réalise des statistiques dans le domaine de la justice et des affaires criminelles aux États-Unis.

s'affrontent avec des personnes qui se trouvent être noires. Pourtant, la plupart des gens ignorent que la grande majorité des personnes interpellées sont blanches. Toutefois, la plupart de ces coupables ne sont que très rarement abattus par des policiers blancs. La tension entre les policiers blancs et des Noirs s'explique en partie par le fait que ces policiers sont originaires de régions rurales situées au nord de la ville de New York et en Pennsylvanie, des coins où les Blancs n'ont pas vraiment eu d'interaction avec des Noirs au cours de leur enfance et de leur jeunesse. Par conséquent, ces policiers blancs ont davantage tendance à recourir à la force ou à leurs armes pour résoudre les problèmes. En effet, ils ne connaissent pas et ne comprennent pas les Noirs. En outre, pour certains d'entre eux, ils n'ont pas bénéficié d'un haut niveau d'éducation et de scolarité.

Beaucoup de gens ignorent qu'un policier peut abattre un piéton ou une personne assise sur le perron devant son domicile et s'en sortir sans problème. Dans le même ordre, dans une situation d'urgence, la police a le droit d'effectuer une fouille sur une personne ou de son domicile sans avoir de mandat. Lire le New York Times paru le 25 septembre 2020, l'affaire Breonna Taylor[38], la tragédie d'une femme du Kentucky ; la une du New York Times paru le 24 septembre 2020 ; *American System of Criminal Justice*, écrit par George C. Cole, Christina DeJong et Christopher Smith, ainsi que *Policing Contemporary Issues and Challenges*, Chapitre 7, page 329, un livre écrit

---

[38] Breonna Taylor, une ambulancière afro-américaine de 26 ans, est tuée par balle par des agents de la police de Louisville dans le Kentucky dans la nuit du 12 au 13 mars 2020

par Quint C. Thurman et Jihong Zhao.

Avocats et juges américains : y a-t-il quelqu'un pour vérifier qu'ils fassent correctement leur métier ?

Les avocats incarnent un élément primordial du système juridique américain. Malheureusement, nombre d'entre eux ne respectent pas le code éthique. Si on doit aller au tribunal dans le but de récupérer des fonds mais que le juge constate que l'on poursuit un avocat... Alors, par tous les moyens, il va prendre parti pour l'avocat en position de défendeur. Cela s'explique par le fait que le juge était habitué à extorquer de l'argent à ses clients quand il était avocat, avant de devenir lui-même un juge. Ainsi, pour déstabiliser votre frère, vous lui rappelez tous les délits qu'il a lui-même perpétrés avant de grimper dans la hiérarchie. La fraternité des juristes s'étend bien au-delà des palais de justice. Par exemple, M. et Mme Clinton, M. Obama et sa femme, Joe Biden et Kamala Harris, la vice-présidente des États-Unis, n'interviennent pas dans la plupart des affaires publiques, simplement parce que ce sont des juristes de métier et qu'ils seraient confrontés à des juristes comme eux. Voilà pourquoi la morale publique n'est plus respectée.

Des juges reçoivent des cadeaux comme des bijoux et du vin hors de prix de la part d'avocats qui doivent comparaître devant eux. C'est notamment le cas du juge E. Stephen Derby du tribunal des faillites de Baltimore. Il porte des costumes et des bijoux d'une valeur de 1 000 dollars. Mais d'où vient tout cet argent ? Des bulletins de paie versés par le gouvernement ? Il ne faut pas oublier le juge Herman Dawson qui officie dans le système de tribunaux itinérants de Prince George à Upper Marlboro, dans le Maryland. C'était un voleur, il l'assumait et ne s'en cachait pas. Le FBI était au courant, mais ils le laissaient faire parce qu'il travaillait pour eux. Il a conspiré avec Joseph Buonassissi, un avocat de Virginie septentrionale, qui représentait des sociétés de crédit immobilier, principalement dans le comté de Prince George, dans le Maryland, car dans cette région l'application de la loi est plutôt laxiste.

Dans ce comté, Buonassissi rédigeait de fausses plaintes contre des propriétaires. En général, un propriétaire ne peut pas se défendre parce que, d'après la loi en vigueur au Maryland, pour contester une procédure de saisie de biens immobiliers, il faut verser une caution. Et si le restant du crédit à payer est de 100 000 dollars, le propriétaire doit alors avancer 200 000 dollars pour racheter la caution afin de stopper la procédure en cours. Mais aucune des personnes que je connais vivant dans le comté de Prince George ne dispose de telles sommes d'argent. Ainsi, en 2008 et en 2010 quand la crise de l'immobilier a sévi, Joseph Buonassissi s'est enrichi et a travaillé en binôme avec le juge Herman Dawson. En théorie, Dawson possède une fondation dont les bénéfices sont reversés à des enfants noirs, mais personne n'a jamais vu ces enfants, et les seuls bénéficiaires de sa fondation sont les juristes qui ont comparu au tribunal devant lui. Apparemment, il s'agit d'un conflit d'intérêts. Alors, j'ai écrit au gouverneur O'Malley, une brute irlandaise de Baltimore, un avocat de métier. Mais il a ignoré ma démarche. Le FBI savait aussi que Dawson était un escroc mais ils n'ont rien fait eux non plus. En effet, si l'agent Simmons a besoin d'un mandat frauduleux pour procéder à une arrestation, il pourrait l'obtenir de Dawson.

Au cours des 35 ans durant lesquels j'ai vécu dans la région de DC et du Maryland, j'ai rencontré un nombre incroyable d'avocats corrompus. Un homme joue un rôle clé parmi eux. Il s'agit du vieux Paul Kramer, un homme qui semble désormais lessivé et qui a pris techniquement sa retraite des palais de justice. Toutefois, il avait l'habitude de profiter de ses clients noirs en les persuadant de plaider coupable alors qu'ils étaient innocents, afin de leur extorquer de l'argent. Je ne savais pas que tout ceci pouvait se produire dans le « Pays des Libertés ».

Avant d'arriver ici, j'ignorais que les Américains craignaient leurs juges. Il faut dire que c'est logique de présumer que les juges sont choisis à partir d'un groupe d'avocats dont la plupart sont cupides et n'ont aucun code éthique.

En l'an 2000, avec ma femme, nous avons été convoqués devant le tribunal parce qu'Emil Hirsch, le même chargé de recouvrement qui travaillait pour Pramco, une société de crédit immobilier New-Yorkaise mentionnée précédemment, avait déposé une plainte conformément à une réclamation qui stipulait que l'on avait une dette. Quand nous avons comparu un matin devant le juge Peter J. Messitte de Greenbelt, une ville située dans le Maryland, son premier ordre du jour a été de demander à l'US marshal en service de nous surveiller de près, comme si nous comptions nous enfuir. Puis, quelques minutes plus tard, il lui a demandé de nous accompagner au sous-sol pour que le marshal puisse relever nos empreintes digitales et nous prendre en photo. J'ai expliqué que comme il s'agissait d'une audience préliminaire, il nous fallait engager un avocat pour qu'il nous représente, et qu'il donnait une dimension criminelle à un simple recouvrement de dette. Avant cet incident, je n'avais pas conscience que des gens allaient en prison en

Amérique pour une question de dette, en particulier si le débiteur ne bénéficiait pas d'une certaine notoriété. Peu importe, il a rétorqué qu'après le relevé d'empreintes digitales, nous devions aller dans le bureau des marshals pour y patienter, le temps qu'il détermine s'il nous autorisait à rentrer chez nous ce soir-là. À ce stade, toutes mes lectures des « Règles de droit » américaines et du « Droit à une audience préliminaire » avaient perdu de leur sens, comme si on les avait jetées par la fenêtre.

Heureusement, le marshal en service a déclaré au juge Messitte que ce qu'il était en train de faire ne pouvait avoir lieu uniquement à la fin d'une audience, qu'il ne pouvait pas nous mettre en prison et qu'il ne pourrait pas exécuter un tel ordre.

La vérité, c'est que Messitte nous prenait pour des idiots parce que nous sommes noirs, qu'une minorité peut peser plusieurs millions de dollars mais être tout de même méprisée et prise de haut. Voilà la vérité. Pour finir, Messitte a eu recours à des injonctions et à des mesures d'éloignement, à cause de lui, on avait les mains liées et il nous a extorqué au bas mot 2 millions de dollars. Mais il n'aurait pas pu accomplir tout ça sans bénéficier du soutien important de son ami, le procureur américain R. J. Rosenstein, le procureur général du Maryland à l'époque, de son acolyte Alexander Williams, un juge noir, et du FBI.

Jusqu'à aujourd'hui, il n'y a aucune preuve dans les archives de la justice qui confirme qu'Emil Hirsch, le chargé de recouvrement pour le compte de la Pramco, avait le droit de nous saisir ne serait-ce qu'un centime pour provoquer la liquidation de nos biens. Nous avons engagé des avocats tels que Michael Schatzow, un ancien procureur américain du Maryland, ou Paul Kramer, sans compter que dix-huit autres avocats ont refusé de nous aider à récupérer nos biens ou à empêcher Messitte de continuer à mettre en place des ordonnances restrictives frauduleuses. Généralement, ils craignaient que Messitte utilise la loi pour se venger sur eux s'ils nous aidaient. Voilà clairement comment un juge, un avocat, un procureur ou des chargés de recouvrement peuvent mettre un citoyen lambda dans un gros pétrin.

En dehors des salles d'audience, nous avons appris que les Blancs que nous considérions comme nos amis et qui n'étaient pas impliqués dans cette affaire nous avaient tourné le dos. Et cela n'a fait qu'encourager Messitte à nous truander. Parmi eux, il y a le Dr Jack Luther, un économiste retraité du Département de l'emploi ; Donald Graham, l'ancien éditeur du Washington Post et mon correspondant à l'époque ; et le Dr Donald Brenner, un avocat et un professeur à la American University. Al Gordon, un procureur de DC et d'autres hommes blancs qui n'étaient pas impliqués dans notre affaire ont trouvé un moyen de nous éviter. Je reste persuadé que du fait que le juge Messitte et son homme de main, Emil Hirsch, sont blancs, que moi et ma femme nous sommes noirs et que je ne suis pas né dans ce pays, il était légitime pour eux de prendre parti pour Messitte en restant silencieux. Désormais, j'en ai tiré la conclusion qu'un juge fédéral, vêtu de sa traditionnelle robe noire et assis sur le banc, a tellement de pouvoir que même le président des États-Unis ne viendra pas le déranger.

Est-ce que le FBI protège le droit des citoyens à bénéficier d'un procès en bonne et due forme ?

En tout cas, on compte actuellement près d'un million d'officiers de police aux États-Unis. À l'échelle nationale, le FBI est un organisme vraiment important. Il dispose d'un effectif composé de 13 913 agents et d'une équipe de 22 000 techniciens formée de scientifiques, de traducteurs et interprètes, d'informaticiens et d'analystes du renseignement. Pour protéger le pays de la malveillance des agences de renseignement étrangères, le FBI emploie principalement des agents qui portent un col blanc. Le Département de la Justice est, lui, composé de plusieurs agences, dont la DEA et le Service des Marshals américains. En prime, le ministère américain de la Santé et des Services sociaux enquête sur les fraudes effectuées sur le programme Medicaid[39].

---

[39] Medicaid est un programme géré par les États et par le pouvoir fédéral qui fournit une couverture d'assurance maladie aux familles à faible revenu, aux personnes

Quand on a affaire à un crime fédéral, on a plus de chances de voir des agents du FBI plutôt que des officiers de la police locale de Baltimore. Mais il ne faut pas se laisser duper par la tenue soignée des agents du FBI composée d'une chemise blanche, d'une cravate et d'une veste. En effet, la plupart des agents du FBI sont des zombies nerveux à l'idée d'être réprimandés pour mauvaise conduite par des juges comme Messitte qui ont l'intention d'utiliser le FBI pour

---

âgées et aux handicapés.

servir leurs propres intérêts. Les agents du FBI sont généralement considérés comme des « Oui, Monsieur » car ils ne posent pas de questions à leurs supérieurs. Je sais que beaucoup viennent de l'Utah. Mais d'autres sont, par exemple, des anciens pompiers de la ville de New York d'origine irlandaise.

En tout cas, il ne m'a pas fallu attendre longtemps pour faire leur connaissance. Un matin, alors que le processus juridique avec Messitte était enclenché, Thomas Simmons, l'un de leurs agents, est venu frapper à notre porte à Beltsville dans le

Maryland. Il a demandé à me parler. Alors, quand j'ai répondu « d'accord », il m'a menotté aussitôt. À aucun moment, il n'a demandé notre autorisation pour franchir le pas de la porte et n'a jamais mentionné une quelconque raison valable en guise de justification. Il a seulement dit qu'on lui avait signalé que je comptais « abattre un juge ». Je lui ai expliqué que c'était faux, mais il m'a dit qu'il devait me conduire à son bureau et m'amener au tribunal pour une audience.

Il ne m'a pas lu les droits Miranda[40] lorsqu'il m'a arrêté le 2 mai 2005.

Voir l'affaire Miranda c. Arizona, 1966. En tout cas, je me suis retrouvé en garde à vue et Simmons aurait dû me lire mes droits et donner un motif légitime pour justifier mon arrestation. En effet, s'il m'avait énoncé les droits Miranda, il m'aurait dit que j'avais le droit de garder le silence ; que si je voulais effectuer une déclaration, celle-ci pourrait être utilisée contre moi ; que j'avais le droit à un avocat au cours de l'interrogatoire ou de consulter un

---

[40] Les droits Miranda et l'avertissement Miranda sont des notions de la procédure pénale aux États-Unis dégagées par la Cour suprême des États-Unis en 1966 dans l'affaire Miranda v. Arizona.

avocat commis d'office désigné par l'état si je n'avais pas les moyens d'en payer un. Voir le cas Dickerson c. US[41] (2000). Voir également le cas Pennsylvanie c. Muniz[42], 1990. Une circonstance exogène pourrait conduire un officier de police ou un représentant des forces de l'ordre à procéder à une fouille sans mandat et sans motif légitime. Mais la déclaration sous serment effectuée

---

[41] Dickerson c. États-Unis , 530 U.S. 428, a confirmé l'exigence que l'avertissement Miranda soit lu aux suspects criminels et a invalidé une loi fédérale qui prétendait annuler Miranda c. Arizona

[42] Pennsylvanie c. Muniz, 496 US 582, est une affaire devant la Cour suprême des États-Unis concernant la clause d'auto-incrimination du 5e amendement et la signification de « témoignage » en vertu du 5e amendement.

en guise de justification ne devrait pas se baser sur des rumeurs et des on-dit.

Métaphoriquement, le FBI est un État dans l'État, et je commençais à peine à comprendre ce qui se passait à l'époque. Un jour, quelqu'un m'a expliqué que le FBI avait un mode opératoire spécifique. En effet, si un voisin ou un ami les contacte pour dénoncer une personne impliquée dans une activité criminelle, le FBI ne rend pas visite à la personne suspectée d'enfreindre la loi, mais elle va plutôt chercher la personne bien intentionnée qui leur a transmis cette information. Précédemment, j'avais écrit au directeur Mueller pour lui exprimer mes présomptions sur l'intégrité des juges Derby, Messitte et du procureur Rosenstein. Au lieu d'effectuer leur travail et d'enquêter sur ces suspects, ils ont trouvé plus commode de m'envoyer en prison pour me faire taire. Selon moi, le FBI est une agence qui sert à mener des cabales au vu de l'historique de leurs activités malfaisantes depuis la présidence de Nixon jusqu'à aujourd'hui. Lire *The Mueller Report* publié en 2019.[43]

Ironie du sort, quand je suis arrivé à New York au début des années 1970, une série fictive sur le FBI était diffusée à la télévision chaque semaine. Efrem Zimbalist Jr et son compère étaient mes acteurs préférés, ils finissaient toujours par arrêter leur cible. Alors, je ne savais pas qu'un jour, ils m'arrêteraient avec un mandat frauduleux pour atteindre leur cible.

---

[43]Robert S. Mueller, III, *The Mueller Report*, Meville House Publishing, avril 2019. Le rapport Mueller, officiellement intitulé *Rapport sur l'enquête sur l'ingérence russe dans l'élection présidentielle de 2016*, est le rapport officiel documentant les constatations et les conclusions de l'enquête de l'ancien conseiller
spécial Robert Mueller sur les efforts russes d'ingérence dans l'élection présidentielle américaine de 2016

À l'origine, la fonction de cette agence était d'arrêter les voleurs de voitures et les braqueurs de banques, comme l'a voulu Hoover. Maintenant, le FBI a étendu son action dans le monde et accomplit des missions en terre étrangère. Le FBI gère également une opération de contre-espionnage aux États-Unis, quitte à épier les citoyens américains.

Il y a peu, un tribunal fédéral à Washington a décrété que la surveillance à haute échelle du gouvernement sur les données personnelles des citoyens américains était illégitime. À vrai dire, le FBI n'a pas seulement accru son pouvoir en recueillant des informations, mais également en espionnant des citoyens américains, qu'ils représentent une menace ou non. En résumé, le FBI est un État à l'intérieur de l'État subventionné et financé par les contribuables américains apeurés.

Des bonnes actions effectuées par la police

Il y a de nombreuses années, Ama, une amie à ma femme, s'est perdue sur le chemin en rentrant chez elle après le travail. Son mari et ses amis l'ont cherchée dans la rue et dans les trains dans le Bronx, mais c'est la police qui a réussi à la localiser à minuit en peu de temps et à la reconduire à son mari. Cet incident a tellement effrayé Ama qu'elle a quitté son travail de nuit et a voulu divorcer de son mari Ken Addo. Avec le recul, si Ama avait demandé directement de l'aide aux policiers qui patrouillaient dans le métro, elle n'aurait pas eu à errer dans les rues de New York. Malheureusement, Ama venait d'arriver d'Afrique et elle craignait que la police la renvoie vers les services d'immigration. On entend de nombreuses anecdotes à propos de policiers qui viennent en aide aux gens, en assistant une femme enceinte sur le point d'accoucher, coincée dans le trafic, ou en extirpant des victimes d'accidents de la circulation de leurs voitures.

En revanche, il semble que la police mène une sorte de guerre non déclarée contre des hommes noirs américains. Cela s'explique en partie par le fait que la plupart des officiers de police de New York City ou de Boston ont généralement grandi dans des régions rurales, en Pennsylvanie, ou au nord de la ville de New York. Et ces personnes n'ont quasiment pas côtoyé de noirs. Selon moi, chaque juridiction de police devrait disposer de son propre médiateur pour résoudre certains problèmes rapidement sans avoir à passer par un tribunal.

La menace qui plane sur les étrangers sur le sol américain

En dépit de la propagande qui a pour but de décrire l'Amérique comme une terre paradisiaque, personne ne m'a jamais prévenu qu'un étranger ne peut que regretter que tous ses efforts ne soient pas salués et respectés par le système lorsqu'il s'installe ici. Je fais référence à mon affaire judiciaire, au cours de laquelle le juge fédéral Peter J. Messitte de Greenbelt dans le Maryland m'a jugé dans le cadre d'une affaire criminelle en mai 2004. Sans oublier qu'il est sorti de son tribunal pour venir témoigner contre moi dans un autre procès en 2006 à Baltimore. Quand j'ai signalé ce conflit d'intérêts à l'attention du juge fédéral en chef du Maryland et de la cour d'appel du 4e circuit à Richmond, de Rod Rosenstein, le procureur américain du Maryland à cette date, et de John Roberts, le chef de la Cour suprême, ils m'ont tous ignoré.

Je ne savais pas que les biens d'un étranger pouvaient être facilement saisis et transférés à un Blanc, même quand celui-ci pouvait lui-même être un étranger et non titulaire d'un certificat de propriété ou d'une quelconque preuve. Peter J. Messite est le genre de juge qui n'hésitait pas à dire aux avocats qui me représentaient dans son tribunal de cesser de me défendre, sous peine d'être poursuivis en justice à leur tour. Et quand vous en êtes à ce stade, le Caucus noir du Congrès[44] et le NAACP[45] vous tournent le dos. Voici des facettes de l'Amérique je ne connaissais pas.

Je me suis également rendu compte que personne ne peut vous protéger une fois que les juges et les procureurs vous ont dans le viseur. Alors, ils ne vous lâchent plus,

---

[44] Le Caucus noir du Congrès est l'un des caucus du Congrès des États-Unis, qui regroupe les élus afro-américains du Congrès et dont les membres sont donc exclusivement afro-américains. Le Caucus noir s'est agrandi avec l'arrivée de plus en plus d'élus noirs au Congrès.

[45] La National Association for the Advancement of Colored People, en général désignée par son sigle NAACP, est une organisation américaine de défense des droits civiques. Elle a été fondée en 1909 à partir du Niagara Movement, qui avait été créé en 1905 par W. E. B. Du Bois.

jusqu'à ce que la partie adverse s'empare de tous vos biens. Par exemple, dans cette affaire avec Emil Hirsch et Pramco, le juge-président J. R. Goodwin avait fait venir avec lui, de Virginie occidentale, une jeune femme qui donnait l'impression par son attitude d'être sa petite amie, mais qui était en réalité la sténodactylographe du tribunal.

Je n'y ai pas pensé tout de suite, ça m'est venu seulement à l'idée quand j'ai classé tous les documents du procès-verbal. Et dire que cette sténodactylographe était payée

8 000 dollars pour réaliser ce travail. Je me suis alors rendu compte qu'elle avait grandement falsifié le compte rendu du procès. Par exemple, j'avais répondu « non » à une question au cours de l'audience, mais elle avait écrit « oui », mes réponses étaient ainsi inversées dans l'intégralité du procès-verbal. Quand j'ai fait remonter l'information à Goodwin, Messitte s'est arrangé pour m'interdire l'accès à tous les tribunaux fédéraux du Maryland. Cela fait vingt ans, et ces problèmes n'ont jamais été résolus. En raison de la fraude de la dactylographe, la

condamnation ne reposait plus que sur des rumeurs, l'affaire tout entière aurait dû être révoquée. Mais Goodwin a rejeté cette motion. Voir US c. Kissi 05-cr-0254.

En dépit des singeries de la partie adverse, j'ai atterri en prison pour obstruction à la justice. Et après avoir purgé ma peine, Macaluso, la juge de la Cour supérieure de DC, m'a informé que j'avais plus de chances de récupérer mon patrimoine dans son tribunal. Mais cela ne s'est jamais produit parce qu'après sa dernière comparution, elle a disparu du tribunal. Puis, son associé, le juge Michael Rankin, un homme noir, a récupéré les dossiers et il m'a expliqué que si je n'abandonnais pas mes démarches contre Pramco, il allait me poursuivre en justice et me renvoyer en prison. Ensuite, il a signalé cet incident à son camarade, le juge fédéral Alexander Williams de Greenbelt, le tribunal du Maryland où le juge Messitte officie. Alexander Williams ne m'a pas accordé une audience équitable et n'a pas examiné les faits, il m'a emprisonné pour violation de la liberté conditionnelle en 2013. Ainsi, en d'autres termes, mon affaire a démarré au Maryland qui a transmis le dossier à DC et DC l'a renvoyé au Maryland, où les représentants de la justice étaient hostiles envers moi. Donc, s'il ne s'agit pas de corruption pour conserver mes biens financiers, de quoi s'agit-il ?

Maintenant, toutes les personnes qui ont écouté mon histoire tragique se demandaient ce que faisaient mes avocats pendant ce temps-là ? Eh bien, avec ma femme, nous avons eu recours à vingt avocats différents sur une période de vingt ans et ils se sont tous comportés comme des girouettes. Mais les avocats les plus dangereux que j'ai rencontrés sont les anciens avocats du gouvernement qui m'ont littéralement livré à leur ami, R. J. Rosenstein, qui faisait partie du registre des employés de la société de crédit Pramco. Cela dit, pourquoi devrais-je plaider quand Emil Hirsch, le chargé de recouvrement pour le compte de Pramco, n'avait aucun statut et avait commis un parjure qui aurait pu être utilisé afin d'annuler ma condamnation en appel ? Cependant, rien de tout ça n'a eu d'importance pendant le procès.

Le fait que des journaux comme le Washington Post et le New York Times ne publient pas les méfaits des avocats et des juges confirme qu'ils sont corrompus. Par conséquent, les fripouilles gagnent de plus en plus de pouvoir. Les juges sont également très puissants dans les tribunaux américains. Par exemple, un juge peut fixer une caution à 20 000 dollars et pour le même crime, un autre juge la fixera à 10 000 dollars. Le même constat s'applique pour le choix des peines, puisque des juges se montrent plus sévères que d'autres. Cet exercice de contrôle explique parfois la corruption. Mais un monsieur comme Donald Trump, qui fait croire aux gens qu'il se bat pour les petites gens, n'oserait pas marcher sur les plates-bandes d'un juge. En effet, il ne voudrait pas le contrarier puisqu'il aurait besoin d'une faveur du juge le lendemain dans le cadre d'un accord commercial ou pour contenir une action de manifestants syndicaux contre l'une de ses entreprises.

La Cour suprême fonctionne comme un îlot coupé du reste du monde. Ils ne veulent pas entendre parler de la manière dont Messitte et Rosenstein continuent de dépouiller les citoyens américains. Nous devons faire preuve de discrétion si nous évoquons le fait que John D. Roberts, Rod Rosenstein et Peter J. Messitte habitent à Bethesda, une banlieue du Maryland, et ne pas parler trop fort d'eux. Il faut faire attention aux mots que l'on emploie parce qu'on ne sait pas de quoi des juges comme Messitte ou Kavanaugh discutent dans leur country club de Bethesda. Voici l'un des visages de l'Amérique qu'un naïf étranger ne connaît pas. Les contribuables versent plus de 200 000 dollars par an à chacun des neuf juges de la Cour suprême, sans compter qu'ils bénéficient gratuitement tous les jours du café et du New York Times. Mais cela n'est pas suffisant. En effet, nous sommes censés craindre nos juges.

Il n'y a qu'un juge dont je pourrais dire du bien, à savoir William O. Douglas avec qui j'ai brièvement correspondu dans les années 1970, peu de temps avant son décès. Au moins, il était impartial. Earl Warren et Thurgood Marshall étaient également considérés comme des amis des petites gens quand ils s'installaient sur leur banc à la Cour suprême il y a plus de 50 ans.

Le public américain devrait intégrer l'idée que les juges de la Cour suprême sont des êtres humains comme tout le monde. Ainsi, si le public remarquait leurs injustices, il pourrait peut-être commencer à examiner attentivement leurs règles. Voici un exemple qui prouve que les citoyens sont mécontents de certaines règles de la Cour suprême. En avril 2021, le président Joe Biden a proposé de constituer un jury constitué de 35 personnes connues du public et d'enseignants universitaires (en m'excluant) dont la mission serait d'émettre des suggestions pour améliorer le fonctionnement des tribunaux.

Il s'agit d'une excellente idée puisque cela permettrait notamment de réduire ou de limiter le mandat des juges de la Cour suprême à 20 ans. Peut-être que ça permettrait de diminuer l'impression d'ennui qu'ils dégagent, notamment sur leurs photographies annuelles.

Même en l'absence de plaintes citoyennes, un examen périodique des fonctions des tribunaux devrait être mis en place, afin de déterminer s'ils sont indispensables ou non. Des débats complémentaires devraient également être lancés pour traiter certains crimes en particulier. En réalité, quand la Constitution américaine a été rédigée, les pères fondateurs ignoraient tout des ordinateurs, des téléphones ou de l'homosexualité. Ce que je veux dire, c'est que la Cour suprême essaie de faire rentrer des objets ronds dans des trous carrés sur des sujets qui ne dépendant pas de leurs tribunaux.

Chapitre 10 : Les groupes minoritaires en Amérique

<u>Le soutien américain unilatéral vis-à-vis d'Israël</u>

La déclaration d'indépendance d'Israël en 1948 a permis aux Israéliens de ne plus dépendre de la Palestine sous mandat britannique. Harry S. Truman, le président américain à l'époque, faisait partie des premiers chefs d'État à reconnaître l'État juif. Par conséquent, de nombreux Juifs américains ont investi de l'argent en Israël pour transformer ce qui était jadis un désert en une terre fertile et abondante de lait et de miel.

Alors, en 1967, nous ne comprenions pas pourquoi les Arabes ramenaient inlassablement sur la table les problèmes sous-jacents liés à la bataille pour cette terre et pour les quotas qu'ils imposaient sur le marché international des échanges pétroliers. En dépit des répercussions négatives que cela a engendré sur l'économie américaine, les États-Unis ont toujours soutenu

Israël à 100 %. Les Arabes exigeaient que les Israéliens cèdent Jérusalem aux Arabes ou à la Jordanie. Mais leurs attentes n'ont jamais été comblées puisque les États-Unis utilisaient leur veto au Conseil de Sécurité à New York pour empêcher ce type de changement.

En 1968, il y a eu un troisième conflit israélo-palestinien. Les Nations Unies sont intervenues et ont stipulé que les prochains accords d'occupation des terres seraient soumis à des négociations supervisées par l'ONU dans le cadre de la résolution 242, une mesure complémentaire au cessez-le-feu signé à la suite de la guerre entre Israël et la Palestine en 1967. Maintenant, on peut dire que c'est là où les États-Unis modernes se sont trompés. Les États-Unis, depuis la naissance d'Israël, ont soutenu ce pays et leur ont littéralement fourni gratuitement des armes modernes, celles-ci ayant été financées par les contribuables américains. Des comptes rendus évoquent même la présence d'une base militaire américaine secrète en Israël.

Puis, les Arabes sont revenus en 1973 pour une troisième fois.

Cette fois-ci, leur courageux leader Anouar el-Sadate a réussi à franchir la frontière d'Israël. Mais le Conseil de Sécurité de l'ONU a appelé les deux parties à résoudre leur conflit via une résolution pacifique. Le sort de Jérusalem devait être l'une des parts intégrantes d'un accord final.

Cependant, les Israéliens ont ignoré en partie cette résolution et se sont dépêchés de s'installer en Cisjordanie.[46]

Ainsi, ce n'est pas vraiment le fruit du hasard si la situation a dégénéré en mai 2021 quand des

---

[46]Lire le Wall Street Journal, paru le 16/05/2021.

Israéliens ont déclenché une bagarre à proximité d'un temple de Jérusalem constitué d'édifices religieux juifs et arabes. Cet accès de violence est rapidement devenu hors de contrôle. Les soldats juifs ont bombardé la bande de Gaza, une enclave abritant 2 millions de Palestiniens. Environ 400 Palestiniens ont péri. Joe Biden avait promis durant la campagne présidentielle de ne pas laisser la situation stagner. Finalement, il n'a pas bougé, bien qu'il ait pu ordonner aux Israéliens de cesser les combats puisqu'ils utilisaient des avions et des armes américaines pour commettre des crimes de guerre. Cela dit, Israël avait décidé d'ignorer Biden dès le début.[47]

Après ses promesses, il aurait tout de même pu leur demander de mettre fin aux hostilités immédiatement et de leur rendre le matériel militaire qu'ils avaient reçu sans verser un centime. En effet, les Palestiniens ne disposaient pas d'avions pour contrer l'attaque destructrice des Israéliens. De toute évidence, le soutien unilatéral américain vis-à-vis d'Israël ne reste

---

[47]Lire la une du New York Times, paru le 17/05/2021.

pas sans conséquences sur le plan politique devant les Nations Unies.

Les mérites des Juifs sont-ils exagérés ?

L'État d'Israël a été fondé principalement par des immigrés juifs venant de Russie après la Seconde Guerre mondiale. Mais avant cela, il y a eu une vague restreinte d'immigrés venant d'Europe vers la Palestine. Gardez à l'esprit que les Romains ont détruit le temple de Jérusalem il y a de cela des siècles.

Beaucoup d'Américains ignorent qu'avant la gouvernance britannique en Palestine, certains groupes de Juifs influents avaient envisagé de fonder un État d'Israël moderne en Ouganda en Afrique, mais la proposition n'a pas emporté l'adhésion. David Ben-Gurion est devenu le Premier ministre israélien. La plupart des premiers habitants se sont installés dans des kibboutz et ils pratiquaient l'agriculture. En 1948, Israël a déclaré lui-même son indépendance du protectorat britannique. Mais cela a déclenché une attaque des Palestiniens. Israël l'a emporté et a agrandi la superficie de son territoire.

En outre, les Israéliens ressentent bien davantage de sympathie pour les États-Unis que la plupart des autres pays.[48] Cela s'explique par le fait qu'une grande communauté juive est présente à New York. Cela fait des lustres qu'ils mènent leurs affaires et dirigent des cabinets d'avocats ou des boutiques de vêtements à Garment District et autour des théâtres de Broadway. Certains enseignent dans des

---

[48] Lire la une du Washington Post, du Wall Street Journal et du New York Times, parus le 19/05/2021.

universités et ont la possibilité d'influencer de jeunes étudiants. La première impression qu'ont les gens en général des Juifs leur est plutôt favorable. Deux des jours saints les plus importants dans le Judaïsme sont Pâques (Pessah) et Yom Kippour[49]. Ce sont les jours les plus opportuns pour obtenir une faveur de la part d'un Juif.

---

[49] Yom Kippour (en hébreu : יום הכיפורים *Yom Hakippourim*, « le jour des propitiations »), également appelé le Jour du Grand Pardon, est un jour saint du judaïsme.

Fixé au dixième jour du premier mois de l'année juive civile, il est observé au temps des temples de Jérusalem par un chômage complet, un jeûne et un rituel élaboré au cours duquel un bouc chargé des fautes d'Israël est envoyé dans le désert tandis que le grand-prêtre d'Israël pénètre pour la seule fois de l'année dans le saint des saints afin de se présenter à Dieu.

Jusqu'à aujourd'hui, je ne savais pas que les Juifs que l'on rencontre sur les campus universitaires sont des gens libéraux, tolérants et amicaux envers les autres minorités, puisque les Juifs se considèrent eux aussi comme une communauté minoritaire. Malheureusement, cette perception ne s'étend pas vraiment au-delà des campus universitaires. Les agissements d'Emil Hirsch, l'homme de main de juges américains cruels comme Peter J. Messitte du Maryland, en constituent une preuve remarquable. Impitoyable, celui-ci extorque les biens appartenant à des gens issus d'autres minorités et les sanctionne sommairement pour avoir violé des injonctions et des ordonnances de restriction qui ne se sont jamais avérées nécessaires. Généralement, les avocats juifs comme Paul Kramer, Stanley Alpert, Granger Maher, Paul Epstein, l'ancien procureur américain R. J. Rosenstein, Michael Schatzow, Walter Weir, le défunt Fred W. Bennett et d'autres encore ont l'habitude de se comporter comme des girouettes. Ils ne sont pas loyaux vis-à-vis de leurs clients, sauf de ceux qui sont juifs. Néanmoins, la plupart des Américains n'en ont pas conscience. Par conséquent, les Juifs ont tendance à affirmer que ces constats sont des propos antisémites. Il semble que leur moyen principal de s'intégrer aux États-Unis consiste à se plaindre et à se lamenter de leur sort.

Généralement, des journaux d'information, comme le New York Times et le Washington Post, ne publient pas des articles désobligeants à l'encontre de personnalités juives, à l'image du procureur Rod J. Rosenstein ou de mes avocats Paul Kramer et F. W. Bennett, et bien d'autres encore. Voici comment la presse américaine et des juristes sans scrupule permettent à ce système de perdurer. Même les Américains qui ne connaissent pas leurs présidents et les membres du Congrès ont peur du lobby juif.

Mais les ruses des Juifs américains ne doivent pas ternir la culture et l'histoire juive qui remonte à plus de 5 000 ans, depuis l'époque d'Abraham, en passant par le roi Salomon et le Christ. Notre époque contemporaine est également marquée par l'influence de personnages historiques juifs, à l'image de Sigmund Freud, Moshe Dayan, Arthur Goldberg, Golda Meir, Henry Kissinger, Barbara Streisand et Woody Allen.

En fait, tous les noms que je viens de citer font partie des personnes juives que je préfère, et cela en dépit de toutes les mauvaises choses que nous avons subies de la part de Rosenstein et du chargé de recouvrement Emil Hirsch, parce que nous ne sommes pas Juifs. Maintenant, pour conclure le débat autour de la situation au Moyen-

Orient, l'État juif devrait autoriser le retour des Palestiniens sur leur terre natale qu'ils ont dû fuir en 1948. L'Amérique devrait arbitrer de façon neutre et équitable ce conflit pour permettre aux Palestiniens et aux Juifs de déboucher sur un consensus final où les Juifs proclameraient qu'une partie dépendrait de l'État juif et l'autre de l'État palestinien. Mais tout ceci ne peut pas se produire puisque l'Amérique est à la fois un soutien d'Israël et un arbitre qui a pris fait et cause pour l'Israël.[50]

---

[50] Lire l'éditorial du Financial Times of London paru le 18/05/2021.

La plupart des Américains, y compris les plus instruits, ignorent qu'une partie des terres proclamées par l'État juif comme étant leur propriété ont été prises autrefois aux Palestiniens.

Le fonctionnement du foyer chez les Juifs

Les parents juifs préfèrent que leur premier enfant soit un garçon à l'image d'Abraham et de Sarah qui ont enfanté Jacob. Par la suite, le garçon expérimente deux rituels : la circoncision et la bar mitzvah[51]. Un

---

[51] Une bar mitzvah ou bat mitzvah est un rituel de passage à l'âge adulte dans le judaïsme. Selon la loi juive, avant que les enfants n'atteignent un certain âge, les

Juif qui n'est pas circoncis sera considéré comme « impropre » tant qu'il ne le sera pas. En Europe, durant certaines périodes, des parents ne faisaient pas circoncire leurs enfants pour dissimuler leur héritage juif aux autorités locales. Une Yechiva est un établissement supérieur d'enseignement hébraïque équivalent à l'une de nos universités américaines. En dehors de l'enseignement de la Torah, tout le monde ignore ce qui est pratiqué dans leur école.

---

parents sont responsables des actions de leur enfant.

Ma personnalité juive préférée s'appelle Marie Ann Altmann. Pendant près de 50 ans, cette femme juive a campé sur ses positions et s'est battue pour récupérer la collection d'œuvres d'art que les Nazis avaient volée à son grand-père à Vienne. Après la Seconde Guerre mondiale, Mme Altmann s'est installée à New York et a engagé un avocat pour reprendre possession de sa collection. Elle a fini par y arriver en 2005. Elle a vendu la moitié de la collection au fils d'Esther Lauder et elle a donné l'autre moitié à des musées américains.

La résilience de Mme Altmann est remarquable et elle a prouvé à de nombreuses personnes qu'ils se trompaient sur son compte. Dans le même registre, le procès de l'affaire Herzog, un collectionneur d'art juif, se poursuit. Un litige a toujours lieu concernant cette collection. Bien que la famille ait réussi à obtenir le soutien du sénateur Ted Kennedy et de Mme Hillary Clinton, ils n'ont pas vraiment fait d'avancées notables, car le Gouvernement de Hongrie revendique le droit à la propriété de cette collection d'œuvres d'art. La Hongrie défend le caractère légal de son acquisition puisqu'ils ont payé pour l'acquérir et la collection est désormais leur propriété.

L'affaire Herzog stagne depuis plus de 70 ans sans que l'éventualité d'un accord ne soit jamais apparue possible. J'essaie de me réconforter en pensant à Mme Altmann et à Herzog et de me dire qu'un jour nous pourrions réaliser l'impossible et récupérer les biens qu'Emil Hirsch, le juge E. Stephen Derby et le juge Peter J. Messitte nous ont volés.

Le regard des Blancs sur les personnes qui ne sont pas noires

Les Blancs accordent peu de respect aux étrangers de couleur qui ne représentent aucun intérêt. En effet, par nature, les Blancs préfèrent ne pas faire de prisonniers. Par conséquent, ils sont plus enclins à engager et à vivre avec des personnes qui ne sont pas blanches et qui peuvent s'occuper de l'entretien de leurs voitures, de leurs camions, de leurs foyers et aider leurs épouses dans les tâches ménagères.

J'ai découvert que les Anglo-Saxons en Amérique du Nord préfèrent avoir des voisins comme eux, qui leur ressemblent, la plupart d'entre eux n'étant pas catholiques. Pour une personne qui n'est pas blanche, c'est difficile de sympathiser avec eux, en particulier si on ne fréquente pas la même école ou qu'on ne travaille pas avec eux.

Malgré la froideur des hommes blancs vis-à-vis des personnes ethniquement différentes, les femmes blanches (en particulier les femmes matures ou âgées) se montrent plus cordiales. Peut-être est-ce dans leur nature d'aimer discuter, à moins qu'elles éprouvent une curiosité bienveillante à l'égard des autres communautés. On a plus de chances d'obtenir des informations importantes sur le fonctionnement du quartier grâce à elles. Parfois, elles souffrent également du fait que leurs maris les répriment, elles ont besoin d'alliés. Ainsi, elles sont davantage disposées à aider les personnes qui ne sont pas blanches. J'ignorais cela mais il y a environ cent ans, la suffragette Susan B. Anthony a prédit que si les femmes obtenaient le droit de vote, elles gagneraient un pouvoir d'influence significatif en politique. Eh bien, il a fallu seulement 60 ans pour que des femmes âgées en Russie lui donnent raison. En effet, cela a eu lieu quand les soldats du président russe Boris Eltsine ont commencé à harceler des manifestantes au début des années 1990. Finalement, les soldats ont fini par partir et laisser les vieilles femmes.

Par conséquent, j'ai effectué une recherche concernant ce phénomène et j'ai remarqué qu'il existait également en Amérique depuis quelque temps, puisque des femmes, souvent des femmes d'âge mûr, ont milité pour nous soutenir. Majoritairement, elles étaient blanches, il y avait des employées comme des chefs d'entreprise. En raison de leur âge avancé, elles n'éprouvaient aucune peur. Parmi ces femmes, il y a eu Harriet Bell, Mary Vincent, Anna Hackman, Mme Doss, Sherry Koonz, Mme Myers, Sadie Montgomery (l'une de nos voisines de Hyattsville, dans le Maryland), la banquière Mme Piccolo, et d'autres encore.

Voici des phénomènes et des personnes que je ne connaissais pas avant de venir en Amérique. Et elles se sont montrées utiles et importantes une fois que j'ai appris à les connaître.

On se fait de bons amis aussi avec les Arabes et les Perses, parce qu'ils ne vous laissent jamais tomber. J'avais eu des échanges à distance avec des Arabes lorsque j'étais en Afrique, avant de venir en Afrique, et plus tard quand nous avons lancé une entreprise spécialisée dans l'approvisionnement de papier. Cela a été le fruit du hasard puisque nous avions des clients arabes et d'autres iraniens. J'avais remarqué quand nous négocions avec eux que ces gens-là faisaient de très bons amis et qu'ils ne vous trahissaient pas, au contraire de Blancs, qui vous lâchaient au moindre problème. Quand j'ai été invité chez eux, ils m'ont généralement offert un verre d'eau et m'ont accueilli avec courtoisie et politesse. À la maison, les femmes portaient des vêtements occidentaux.

Puis, il y a eu les Indiens d'Amérique que tout le monde a oubliés jusqu'à ce que l'acteur Marlon Brando leur ait redonné vie pour les Oscars.

De mon point de vue de personne non-blanche et née à l'étranger, je dirais que les Américains se montrent relativement justes jusqu'à ce que vous rencontriez un problème avec eux. Pour certains Américains, les étrangers qui parlent anglais avec un accent africain, asiatique ou hispanique sont catalogués comme des idiots ou des illettrés. Seuls les Blancs originaires d'Europe n'alimentent pas de tels stéréotypes. Je me demande toujours pourquoi les Allemands et les Russes sont exclus de ce groupe de soi-disant demeurés, puisque eux aussi parlent l'anglais avec un fort accent étranger.

Dans mon cas, en dépit du fait que j'ai pris des cours de prononciation, j'ai quand même gardé mon accent. Cela dit, cela ne dérange pas la grande majorité de nos clients. Sinon, personne ne m'aurait fait confiance au moment de renseigner leurs coordonnées bancaires. Je ne suis pas un illettré, je possède notamment plusieurs degrés universitaires, davantage que la plupart des Américains, et je sais parler plusieurs langues étrangères, au contraire de nombreux Américains.

Les Américains d'aujourd'hui devraient célébrer et s'enorgueillir de la présence des étrangers qui sont les seuls à avoir bâti l'Amérique moderne. Des hommes comme Henry Kissinger ont accru la notoriété de ce pays. Et pourtant, il parle toujours avec un fort accent allemand.

Définir des individus ou des groupes de personnes en fonction des caractéristiques qu'ils possèdent en commun ne devrait pas servir de base pour donner vie à des stéréotypes. Par exemple, les

Hispaniques et les Africains ont un point commun, leur manque de ponctualité. Ils sont souvent en retard à leurs rendez-vous et éprouvent de grandes difficultés à respecter une date limite, quand ils ne les oublient pas. Ils ont tendance aussi à ne pas noter les choses par écrit. De ce fait, ils ont tendance à négliger l'importance des dates et le concept de temps, ils ne se rappellent pas quand il faut aller voir le dentiste ou quand ont lieu les réunions parents-professeurs pour leurs enfants. Il suffirait de noter les choses par écrit pour s'intégrer davantage dans la société américaine. Attention, je ne dis pas ça pour dénigrer les gens. Je partage plutôt mes expériences avec eux en tant qu'immigré moi aussi.

Dernièrement, j'ai également remarqué que les Hispaniques avaient du mal à tisser des amitiés. En fait, quand on connaît l'historique de leurs tentatives de franchir le Rio Grande pour rejoindre les États-Unis et le harcèlement qu'ils ont subi par les services de l'immigration américaine, on peut comprendre qu'ils évitent de s'installer longtemps dans un endroit et qu'ils se méfient des étrangers. Ainsi, les Hispaniques, comme les Noirs, souffrent du sentiment de déracinement. En conséquence, il leur est difficile d'obtenir des prêts bancaires et de lancer leur propre entreprise. En général, les institutions financières considèrent qu'ils ne sont pas stables.

Je ne connaissais rien non plus des Asiatiques avant d'arriver aux États-Unis. Mais j'ai rapidement compris que les Chinois représentaient le groupe dominant au sein de la communauté asiatique. Et en Asie, la Chine porte l'étiquette de Royaume du Milieu. Les Japonais les talonnent d'ailleurs. Et le plat commun qu'ils affectionnent est le riz. Certains cercles communautaires asiatiques s'entendent bien ensemble, comme les Philippins, les Cambodgiens, les Chinois, les Vietnamiens et les Coréens. D'ordinaire, quelqu'un d'extérieur ignore tout du fonctionnement de leurs fumeries ou de leurs garages automobiles. Les Asiatiques ont peu d'interactions avec les personnes qui ne sont pas blanches. Mais ils s'entendent bien avec les Blancs. Ils sont principalement insulaires et préfèrent rester à l'intérieur de leurs cercles communautaires. Ils préfèrent recruter et travailler avec des individus qui leur ressemblent.

En outre, avant de rejoindre les États-Unis, j'ignorais que les Noirs américains ne partageaient pas tant de points communs que ça avec les Africains d'aujourd'hui qui arrivent tout droit du continent. Peut-être qu'en raison de 500 ans de séparation, les Noirs américains sont désormais plus proches des Blancs et des Européens. La nourriture qu'ils mangent ressemble davantage à celles des Européens, par exemple des hot dogs, des produits surgelés, du bacon, du pain et des glaces. Ces produits ne sont pas essentiels en Afrique. De toute évidence, depuis le temps qu'ils sont installés ici, ils se sont métissés au contact des Blancs. Ainsi, les Noirs américains d'aujourd'hui ne ressemblent plus aux premiers Noirs qui ont débarqué à Jamestown, en Virginie en 1619.

Globalement, les Noirs se sont plutôt bien adaptés comme je l'explique dans ce mémoire. Si la communauté noire américaine était une entité économique à part entière, elle représenterait la 10e puissance économique dans le monde avec un pouvoir d'achat d'environ 3-4 billions de dollars.[52]Mais il reste encore beaucoup de progrès à accomplir. En effet, leurs maisons ne jouissent pas d'une grande valeur. Et comme les esclaves ne pouvaient pas léguer de patrimoine à leurs descendants, les Noirs n'ont pas vraiment réussi à s'enrichir. Il y a encore beaucoup de foyers dans lesquels les personnes noires ne sont pas titulaires d'un compte bancaire ou n'ont pas accès à des services bancaires.[53]

---

[52] https://www.newswise.com/articles/minority-markets-have-3-9-trillion-buying-power

[53]Lire le Wall Street Journal du week-end du 7-8 novembre 2020.

La réduction de la pauvreté dans les communautés minoritaires

Quelles mesures pourraient être mises en place pour réduire la pauvreté, en particulier chez les Nègres américains ? Pour tout dire, à l'approche des prochaines élections législatives, quasiment personne n'évoque un possible projet de compenser les Nègres américains pour tout le travail gratuit qu'ils ont effectué, afin de construire les routes, les hôpitaux, les canalisations d'eau, les barrages et les fermes dans ce pays. L'esclavage a duré entre deux et trois siècles. Il s'est ensuivi deux siècles où le quotidien des Noirs a été tributaire des lois Jim Crow, et maintenant que nous avons franchi un grand tournant, celui du XXIe siècle, nous sommes confrontés aux conséquences de ces années de calvaire.

De ce fait, il est du devoir de l'Oncle Sam de dédommager les véritables « Nègres » américains ou « Nègres » dont les ancêtres étaient soumis à la servitude ici au moment de l'émancipation en 1864. Cela devrait être mis en place dans le cadre d'un programme de dédommagements limités, et non de réparations.

D'après cette définition spécifique du statut de « Nègres », des hommes tels que Colin Powell, Eric Holder et d'autres personnes de leur temps, ne pourraient pas prétendre à ces dédommagements puisque leurs parents sont arrivés ici dans les années 1920 ou 1930. Et il n'y a rien qui permet de prouver qu'un de leurs ancêtres n'ait jamais été soumis à l'esclavage en Amérique. Mais en raison du niveau élevé d'instruction des membres de ce groupe, ils possèdent bien plus de richesses que les esclaves venus ici pour servir leurs maîtres avant la guerre de Sécession. Ce groupe de personnes pourrait s'opposer à un programme de restitution, dont les premiers contours sont actuellement évoqués à Georgetown University. Un paiement partiel de revenus dus aux Nègres américains améliorerait considérablement le niveau de vie de nos contemporains. Cela ne fait aucun doute. Et tous les revenus non consommés pourraient être légués aux futures générations, ce qui accroîtrait le patrimoine matériel de la communauté noire. À coup sûr, cela permettait de réduire le nombre de sans-abri. Comme chacun peut le constater, tous les programmes sociaux mis en place depuis la présidence de Lyndon B. Johnson n'ont pas été suffisamment soutenus financièrement et peu de choses ont été réalisées pour les Nègres.

En Amérique, il existe de nombreuses problématiques sociétales dont les étrangers n'ont pas idée avant de venir ici, comme la présence de sans-abri dans toutes les villes du pays, de DC jusqu'à Los Angeles. Il est probable que ce constat s'explique par la pauvreté du logement et par la dégradation de l'économie. En effet, certains travailleurs reçoivent un salaire en dessous du minimum légal. D'après les statistiques du gouvernement, un Américain sur 500 est SDF. Cependant, comme je l'ai mentionné dans le chapitre 7, en dehors de la ville de San Francisco qui a dépensé 852 millions de dollars pour les sans-abri en 2019, aucune juridiction n'a investi de ressources de cet ordre. Et pourtant, la population de SDF ne cesse de croître à San Francisco.[54]Apparemme nt, les sans-abri ne disposent d'aucune puissance économique pour influencer le gouvernement à voter des lois ou des projets qui leur seraient bénéfiques.

Il est également rare de trouver des logements en état convenable. À Baltimore par exemple, on compte des milliers de bâtiments abandonnés et insalubres. À cause des politiciens, rien n'est fait pour changer cela. Un état d'urgence devrait être déclaré à Baltimore par le gouvernement de l'état ou du pays. Le gouvernement devrait décréter

---

[54]Lire The New Yorker paru le 1er juin 2020, pages 30 à 32.

que si quelqu'un compte acheter un bâtiment abandonné, il devrait être rénové et habitable dans un délai de 3 ans. Actuellement, le délai est de 6 mois. Il est impossible pour la plupart des propriétaires qui le sont pour la première fois de respecter ce délai. Sinon, ils finissent par perdre leur propriété au bénéfice du gouvernement, ou ils sont sanctionnés financièrement par la ville de Baltimore.

En outre, le gouvernement fédéral devrait modifier le code fiscal pour permettre à des sociétés comme General Motors ou General

Electric de bénéficier automatiquement sur leur déclaration d'impôts d'un crédit correspondant au montant de l'investissement, dans le cas où ils se fourniraient auprès de petites entreprises issues des communautés minoritaires. Cet avantage fiscal encouragerait des grandes sociétés à commercer avec les plus petites. Actuellement, il n'existe pas d'avantages de ce type, et la plupart des sociétés importantes du pays ne sont pas enclines à se fournir auprès des petites entreprises. Les dirigeants de ces sociétés ne pensent pas que les autoentrepreneurs sont à la hauteur de leur niveau d'exigence. Le gouvernement devrait mettre en place des bureaux de médiation dans différentes régions du pays. Cela permettrait à des citoyens, confrontés à un problème avec une agence des forces de l'ordre ou avec une société importante comme GE pour une histoire de crédit, de résoudre le conflit gratuitement en théorie avec l'aide d'un médiateur. De nos jours, un litige avec une telle société peut être fatal pour une petite entreprise.

Il existe un autre moyen d'aider les communautés minoritaires, dont les membres sont généralement incarcérés, à vivre pacifiquement dans ce pays. En effet, quand une personne a fini de purger une peine de prison, le gouvernement devrait envisager l'effacement de son casier judiciaire, en particulier si celui-ci a purgé sa peine, respecté sa durée de probation et réglé intégralement l'amende fixée par le tribunal. Ainsi, rien ne l'empêcherait d'habiter dans la ville de son choix ou de postuler un emploi pour lequel il dispose des compétences requises. Avec le système actuel, de nombreux Noirs ne parviennent à trouver un emploi nulle part à cause de leur casier judiciaire. En substance, ils sont tout le temps privés de certains droits, bien qu'ils soient de nationalité américaine.

Il est vrai qu'au sein des minorités, nous devrions faire davantage d'efforts pour être prompts, ponctuels et fiables, car ce sont des qualités nécessaires pour travailler dans des hôpitaux, des écoles et des entreprises du monde des Blancs. Après tout, si nous apprenons à conduire des voitures, des camions et des avions, nous entrons dans le monde des Blancs, et nous devrions nous battre davantage pour assimiler les compétences ou qualités indispensables pour réussir dans cet environnement.

L'église au sein de la communauté noire américaine

L'église noire est une source de force et d'argent inexploitée. Personne ne sait combien d'églises nous avons. Toutefois, si toutes ces églises combinaient leurs ressources pour former une importante caisse de crédit populaire pour les Noirs, les natifs comme les immigrés pourraient épargner et emprunter de l'argent. Alors, nous disposerions des ressources pour acheter et vendre des biens et des services, comme des stations d'essence ou des supermarchés, ce qui nous permettrait de financer nos crédits et les prêts étudiants pour nos enfants.

Certaines églises aident les séniors à bénéficier de loyers raisonnables. Des églises collaborent également avec des écoles privées dans des grandes villes telles que New York et Washinton, DC. Comme les églises ne cherchent pas à réaliser de profits, le gouvernement devrait les encourager à faire ce qu'elles font le mieux, à savoir, agir en collaboration avec le gouvernement dans le cadre de programmes sociaux. Cependant, en dépit du fait que les églises contemporaines noires sont riches, elles n'ont pas accompli des prouesses pour les pauvres des communautés noires. Certaines paroisses disposent de salles de cérémonies extravagantes à côté de leurs églises. Malheureusement, en hiver, l'accès à ces salles est verrouillé et les sans-abri ne peuvent pas s'y réfugier.

En revanche, l'Église méthodiste formée de congrégations blanches voit son taux d'adhésion diminuer parce qu'avec le temps, elles ont principalement ouvert leurs portes à des hommes noirs qui peuvent passer la nuit dans leurs églises. Une autre église offre gracieusement de tels services, il s'agit de l'Église luthérienne située en face du Watergate Hotel à Washington, DC. En plus d'héberger à court terme le temps de quelques nuits des hommes noirs, ils leur offrent également le dîner. La Gonzaga School, une université jésuite de DC, dispose également d'un grand réfectoire et offre des déjeuners à de nombreux hommes noirs.

Si l'on observe chaque aspect de cette grande nation depuis la Reconstruction[55], les Noirs américains sont présents partout sur la scène économique, dans les arts, en science, dans le domaine du sport, dans l'armée, et à la présidence. Mais il reste encore beaucoup à accomplir puisque Jim

---

[55] La Reconstruction est la période de l'histoire des États-Unis ayant succédé à la guerre de Sécession.

Crow a interdit aux Noirs de léguer leurs biens à leurs descendants.

Néanmoins, si les Noirs continuent à progresser comme ils l'ont fait au lycée et à l'université au cours de ces 50 dernières années, nous pourrions voir un jour un noir devenir le PDG de Morgan and Chase Banks et de Wall Street. Le sujet qui n'est jamais traité dans le Washington Post et le New York Times est le manque de collaboration des noirs entre eux. Pour continuer à aller de l'avant, il nous faudrait combler ce manque.

Étonnamment, la destruction des Nègres américains n'est pas mentionnée dans les livres populaires actuels qui évoquent le sujet des disparités économiques, comme dans *Deaths of Despair and the Future of Capitalism*, écrit par Anne Case et Angus Deaton. En résumé, la valeur nette d'un foyer moyen blanc est de 70 cents pour un dollar alors qu'elle est de 17 cents pour un dollar pour un foyer noir. Alors que les Noirs sont de grands consommateurs de nourriture, de voitures et de vêtements, ils ne disposent pas d'usines qui leur permettent d'embaucher des ouvriers et de leur verser de bons salaires. Par conséquent, distribuer des revenus aux Nègres américains serait une bonne idée de la part du gouvernement. Bien que des suggestions soient émises sur le fait de réduire cet écart sur le plan économique, la presse parle de frais de réparations ou de dilapider de l'argent, ce qui dissuade les Blancs de soutenir un tel programme. C'est la raison pour laquelle les Nègres américains devraient militer pour obtenir un dédommagement pour compenser tous les travaux effectués non rémunérés. Et le Nègre américain n'est pas simplement une personne qui a débarqué ici en venant d'Afrique, on parle des survivants des Nègres qui ont été transportés en Amérique pour servir d'esclaves. Ce sont eux, qui n'ont commis aucune faute, qui ont été retard dans les études supérieures, qui réussissent aujourd'hui en Amérique. N'importe quel programme qui n'est pas adapté à cette structure est voué à l'échec. Même les actions mises en place dans le cadre du programme Grande Société[56] du

---

[56] La Grande Société (en anglais *Great Society*) désigne un programme et un

président Lyndon B. Johnson n'ont pas fait de distinction entre les Nègres américains et les immigrés noirs. Nous avons donc tiré profit des opportunités que nous ne méritions pas puisque aucun de mes ancêtres n'a jamais été un esclave en Amérique du Nord.

Continuer de combattre le racisme

Pour resituer le contexte, les Nègres américains sont les ancêtres des Noirs qui ont été transportés depuis l'Afrique ou qui vivaient en

---

ensemble de mesures de politique intérieure des États-Unis dans les années 1960.

Amérique au moment de la fin de la guerre de Sécession. Il s'agirait de dédommager de manière modérée les travaux non rémunérés, on ne parle pas de réparations. Je crois que l'Amérique blanche accepterait une telle proposition.

Il faudrait également réaliser des efforts supplémentaires pour réduire ce fossé économique. Pour cela, le gouvernement fédéral devrait tenter de rendre aux Noirs les biens que les Blancs leur ont volés pendant l'époque de la Reconstruction. En 2017, un professeur d'Harvard a raconté l'histoire d'une femme noire qui possédait un terrain de plus de cinquante hectares en Caroline du Nord. Pour une raison que j'ignore, cette propriétaire a eu un retard dans le paiement d'une taxe foncière, pour un montant de seulement 300 dollars dans les années 1940. Bien qu'elle se soit excusée légitimement d'avoir eu un trou de mémoire, l'état de Caroline du Nord a vendu le lot intégral d'une superficie de huit cents hectares pour quelques centimes et a cédé la propriété à une famille blanche.

Étant donné que la Caroline du Nord ne peut rien faire pour cette femme, l'Oncle Sam devrait verser un remboursement d'un montant nominal aux descendants de cette dame. Grâce à ce genre de raisonnements, les Nègres américains pourraient récupérer une partie de leurs biens et de leurs richesses perdues.

Fondamentalement, l'Amérique noire n'a jamais eu la possibilité de léguer ses patrimoines de génération en génération comme ont pu le faire les Blancs pendant des siècles.

D'après ce que l'on sait aujourd'hui, dans l'idéal, Trump n'était pas le président à qui on pouvait demander d'envisager de dédommager les Noirs pour ces pertes. Selon la Fraternité unie des charpentiers et menuisiers d'Amérique, il a arnaqué à plusieurs reprises les entrepreneurs qui sont venus travailler pour son compte à Atlantic City. En revanche, M. et Mme Clinton, M. Obama et M. Biden n'avaient aucune excuse pour ne pas appliquer des décrets exécutifs destinés à dédommager les Noirs dans le but de rétablir la parité matérielle actuelle entre les Blancs et les non-Blancs. Pour Biden, une telle action semble déroutante puisque la confrontation n'est pas dans sa nature. En somme, le président devrait présenter un décret exécutif pour dédommager les ancêtres des Nègres qui vivaient en Amérique à la fin de la guerre de Sécession. Obama aurait pu s'en occuper pour réduire la dette due aux Noirs méritants. Apparemment, il n'avait aucun intérêt à aider ses congénères noirs, il se contentait de leur distribuer des bons alimentaires. Il ne s'agit pas d'une forme de réparation, à la rigueur, on peut considérer cela comme un maigre dédommagement.

La Georgetown University fonctionne sur le même principe.

Comme je l'ai expliqué précédemment, avec un tel projet, des Noirs comme Colin Powell, Eric Holder, et d'autres ne seraient pas éligibles à ce programme de dédommagements. Leurs parents sont venus depuis les Antilles aux États-Unis dans les années 1920 et 1930, et il n'y a aucune preuve qu'ils ont servi en tant qu'esclaves ici. On exclurait également tous les Noirs dont les ancêtres étaient originaires du Panama, de la Jamaïque et de n'importe quel endroit du monde mais qui n'ont jamais été esclaves en Amérique.

Certains pourraient arguer que malgré le fait que je sois un immigré, et que je me suis fait dépouiller par des juristes américains, j'ai réussi à surmonter ces difficultés. Eh bien, oui, c'est en partie vrai dans le sens où j'ai réussi à obtenir 5 diplômes universitaires aux États-Unis, ce qui m'a aidé à devenir millionnaire à l'âge de 50 ans.

Méfiez-vous des fausses impressions

Aux États-Unis, certaines personnalités affirment se battre pour les petites gens. De toute évidence, Oprah Winfrey, Ellen DeGeneres et le Chef José Andres font partie de ces personnalités qui ont manifesté du soutien à de nombreuses personnes sans rien demander en contrepartie. Cependant, il y en a d'autres qui paradent en prétendant qu'ils sont les amis des petites gens, alors qu'en réalité, c'est faux.

Par exemple, comme je l'ai déjà expliqué, quand le juge Messitte et ses associés nous ont volé nos biens, j'ai écrit au président Obama, à sa femme, et à sa belle-mère, mais ils m'ont tous snobé. Par la suite, j'ai appris que les Obama étaient amis avec le procureur Rosenstein parce qu'ils avaient fréquenté l'école de Droit d'Havard ensemble. Il en est de même pour le professeur Alan Dershowitz, un enseignant d'Harvard. Il milite seulement pour les Juifs. En d'autres termes, l'amitié d'Obama pour Rosenstein était plus importante à ses yeux que mon problème, ce qui est une erreur car je suis un homme qui a un parcours similaire à celui de son père, nous sommes des hommes venus d'un pays étranger pour trouver notre bonheur ici. J'avais donc espéré qu'Obama, en tant que président et en tant que responsable du pouvoir exécutif, aurait pu demander au Département de la Justice d'examiner mon dossier et de vérifier si une erreur avait été commise.

Chapitre 11 : Certaines célébrités que j'ai rencontrées ou avec qui j'ai correspondu dans ma vie

Quand j'ai grandi au Ghana dans les années 1960, j'ai eu la chance de rencontrer des personnes importantes. Parmi elles, il y a eu l'empereur Haile Selassie, le chef de l'Éthiopie à cette époque ; la reine Elizabeth II, lorsqu'elle s'est rendue au Ghana pour célébrer l'indépendance de notre pays, et aussi notre président, Kwame Nkrumah. J'espérais même rencontrer Patrice Lumumba, le président du Congo alors, mais il ne s'est jamais rendu au Ghana car il a été tué par des rebelles de son pays. J'avais deux grands-oncles fortunés qui m'amenaient avec eux dans le cadre de l'exercice de leurs fonctions politiques ou sportives, ce qui m'a permis de rencontrer certaines personnes VIP.

Cette chance, de rencontrer ou de correspondre avec des personnalités, ne m'a pas quitté quand je suis parti aux États-Unis. La femme de mon employeur allemand m'avait donné plusieurs livres afin de tuer le temps. Après cela, elle m'a conseillé d'écrire aux auteurs dont j'avais lu les livres ou que je m'apprêtais à lire. Alors, je lui ai demandé ce que je devrais leur dire et elle m'a suggéré de leur donner mes impressions sur leurs textes. Elle a également précisé que je ne devais pas leur demander de l'argent ou quoi que ce soit d'autre.

C'est comme ça que j'ai correspondu par courrier sur une courte période avec le juge William O. Douglas, qui était autrefois un juge de la Cour suprême.

Malheureusement, il est tombé malade, et il a cessé de m'envoyer des lettres. Ensuite, j'ai essayé de communiquer brièvement avec Ted Kennedy, le sénateur du Massachusetts. Je lui ai parlé de son frère Joseph mort au combat pendant la Seconde Guerre mondiale qui pensait contribuer à accroître l'influence de l'Amérique dans le reste du monde en rejoignant les Corps de la paix. Il m'a expliqué leur fonctionnement. J'aimais vraiment ça, et plus tard, il m'a permis d'obtenir mon premier emploi dans la fonction publique. Ensuite, j'ai échangé avec M. Donald Graham, l'ancien éditeur du Washington Post. Sur une période de 10 ans, nous nous sommes régulièrement écrits mais quand je lui ai dit que le juge Messitte nous avait volé nos biens, il a cessé de correspondre avec moi. Plus tard, j'ai appris que lui et sa famille connaissaient Messitte. Bien que ce dernier vive actuellement dans le comté de Montgomery, il est né à Washington comme M. Graham. Par conséquent, Graham a fait un choix entre son copain et moi, un maudit étranger. Il y en a eu d'autres, mais ils sont trop nombreux pour que je les cite tous ici.

Je lis toujours avec une grande voracité. Autrefois, quand j'ai été incarcéré dans une prison gouvernementale pendant six mois, j'ai lu près de deux cents livres. À mon retour, j'ai continué de lire, notamment des magazines comme Harper, Rolling Stone, Harvard Business Review, The Nation, Vanity, Psychology Today, Contemporary American Political Issues, The Atlantic, The Economist et bien d'autres revues encore. Pour parfaire mes connaissances, je lis quotidiennement des journaux, le Washington Post, le New York Times, le Financial Times of London, le Wall Street Journal et The Sun. Mais je pense que mes connaissances ne devraient pas être focalisées uniquement autour de ce qui est écrit en anglais. J'ai moi-même appris l'espagnol, l'allemand, l'italien, le portugais, le français et l'akan.

Tout ceci m'a permis d'élargir mes perspectives et a influencé ma capacité à correspondre avec toutes sortes de gens, aussi bien des professeurs universitaires que des chauffeurs routiers.

Pour moi, c'est une bénédiction divine si j'ai rencontré des personnes importantes au Ghana et ailleurs. Parmi ces heureuses interactions, j'ai pu échanger avec le président George Bush Sr et il m'a aidé à faciliter l'intégration de certains de mes proches en Amérique.

Je me souviens également qu'à l'âge de 10 ans, à l'école, on nous avait laissés sortir et attendre sur le trottoir pour voir passer W. E. B. Du Bois. C'était en 1960. Si on nous avait dit qu'il était noir, on ne l'aurait pas cru. Il avait l'air blanc et il portait une chemise blanche, le soleil brillait tellement à ce moment de la journée que je n'ai pas pu le voir correctement. Je n'ai aperçu que ses petites mains qui saluaient la foule.

Dans ma jeunesse, j'ai également rencontré Haile Selassie d'Éthiopie. On voulait tous le voir parce que les rumeurs racontaient qu'il avait un lion et nous, les enfants, on voulait voir le félin.

Lors de l'indépendance du Ghana en 1957, la reine Elizabeth II est venue pour représenter le Royaume-Uni dans le cadre d'une cérémonie. À cette époque, elle était jeune et très belle. En fait, elle ressemble encore à ma cousine Tina.

Parmi les autres personnes VIP avec qui j'ai eu une interaction dans ma vie, il y a eu M. Donald Graham et sa mère, Katherine Graham, l'éditeur du journal le Washington Post. C'est peut-être inhabituel, mais je ne les ai jamais rencontrés en personne, en revanche, nous avons correspondu pendant des années. M. Graham appréciait mon esprit critique. Il l'a remarqué quand j'ai partagé avec lui mes différents écrits sur des problématiques sociales et politiques comme le conflit Israélo-Palestinien et d'autres faits de société propres aux États-Unis. Il semblait intelligent, et j'attendais des réflexions profondes de sa part. Néanmoins, plus tard, il ne semblait pas plus différent que les autres personnes, il avait cinq petits-enfants et il était divorcé.

J'ai connu une autre personne par hasard, César Chavez, un représentant syndicaliste qui s'efforçait d'obtenir des bonnes conditions de travail et des salaires honnêtes pour des ouvriers immigrés et hispaniques. Il avait tellement d'impact que l'on pensait qu'il finirait par diriger un grand cabinet en Californie, mais ça n'est jamais arrivé. Je l'ai rencontré un soir sur le campus de la Clark University à Worcester, dans le Massachusetts. De près, il ressemblait à un homme ordinaire.

Mais il y en a d'autres que je suis chanceux d'avoir rencontrés, Kwame Nkrumah, le premier président du Ghana, ainsi que son épouse Fathia ; Cab Calloway, le chanteur ; Arthur Mitchell, un danseur et chorégraphe au Dance Theater of Harlem ; John H.

Johnson, le créateur d'Ebony magazine ; et le sénateur Edward Brooke, un homme politique noir du Massachusetts qui m'a aidé dans l'obtention de visas pour mes proches. Gene Molovinsky, mon courtier d'assurances juif, est une bonne personne. À Temple Hills, dans le Maryland, il dirige un centre pour Noirs, qui n'ont pas de pères, où ils apprennent la boxe. Il a formé plusieurs champions, y compris à l'échelle nationale. Mais Molovinsky est tellement modeste qu'il ne s'attribue pas le mérite de ses réussites.

Les personnes remarquables ont un point commun. En effet, il y a plus de chances d'obtenir une réponse de ce genre de personne si on leur parle de ce qui les passionne. Me concernant, j'avais des points communs avec le juge William O. Douglas, ce qui nous a permis d'avoir une connexion. Par exemple, j'étais petit quand mon père est mort, c'était pareil pour Douglas. Nous avons tous les deux grandi avec une mère qui possédait peu d'argent mais qui s'est battue pour que l'on réussisse dans les études. Pour qu'une personne aussi occupée au quotidien vous réponde, il faut avoir une affinité avec elle, parce qu'elle n'a pas de temps à consacrer à des discussions superficielles.

Un autre détail que j'ai remarqué à propos de ces personnalités, il est difficile de les regarder dans les yeux quand on se trouve en face d'eux.

Les personnalités qui ont correspondu avec David Kissi ou l'ont rencontré

	Personnalités	Période et contexte
1	Dr E. B. Dubois, un militant politique nègre	Rencontré au Ghana au milieu des années 1960
2	L'empereur Haile Selassie - le Lion de Juda, le chef de l'Éthiopie	Rencontré au Ghana au milieu des années 1960
3	La reine Elizabeth II de Grande-Bretagne	Rencontrée au Ghana en 1957
4	Kwame Nkrumah, le 1er président du Ghana	Rencontré au Ghana au milieu des années 1960
5	William O. Douglas, juge de la Cour suprême	Ont correspondu ensemble au début des années 1970
6	Ted Kennedy, sénateur américain du Massachusetts	Lui a décroché son premier emploi dans la fonction publique aux USA dans les années 1970.
7	John Kenneth Galbraith, conseiller économique pour le président Kennedy, Canadien de naissance	Correspondance

8	César Chavez, le représentant d'un syndicat mexico-américain	Rencontré à la Clark University en 1976
9	George Bush Sr, président des États-Unis dans les années 1980	L'a aidé pour l'obtention des visas de ses proches
10	Nancy Reagan, la femme du président Ronald Reagan	L'a aidé dans les années 1980
11	Le sénateur Edward Brooks du Massachusetts	Discussions autour de problèmes sociologiques dans les années 1980
12	Donald Graham, ancien éditeur du Washington Post	Un ancien correspondant
13	Katherine Graham, la mère de Donald et l'ancienne propriétaire du Washington Post	Lui a donné son avis à propos de son autobiographie : *A Personal Journey*
14	Marion Barry, ancien maire de DC	Un politicien astucieux
15	Parren Mitchell, membre du Congrès américain, de Baltimore	Discussions autour de problèmes sociologiques dans les années 1990
16	Van Braun, ancien chancelier allemand, mort dans les années 1980, de Berlin	Relations commerciales internationales dans les années 1990
17	John H. Johnson,	Histoire des noirs dans les

	propriétaire d'Ebony et Jet magazine	années 1990
18	Lee Iaccoca, PDG de Ford Motor Co.	A sollicité ses conseils en 2007 et 2009. Sur son site, il y avait une invitation à lui écrire et à partager avec lui nos expériences, une fois qu'il avait pris sa retraite de Chrysler
19	Cab Calloway, un artiste noir	DC Warner Theater
20	Arther Mitchell, fondateur du Dance Theater of Harlem	Rencontré au Kennedy Center, à DC dans les années 1990
21	Nana Joseph Adomako, bienfaiteur de David Kissi	Entre 1960 et 1970
22	Mike Miller, sénateur de l'État du Maryland, Assemblée générale d'Annapolis	Entre 2018 et 2020
23	Kofi Annan, Secrétaire général des Nations Unies	Rencontré à Houston Hall, Howard University en 1995

N. B. : Un enseignement important à retenir de mes correspondances avec les personnes citées est de ne pas leur demander d'aide financière, mais plutôt du soutien pour obtenir un emploi ou pour résoudre un problème juridique. Le meilleur conseil que je puisse donner pour que quelqu'un vous réponde est de cibler des problématiques qui suscitent son intérêt. Par exemple, quand j'ai écrit au juge Douglas, je lui ai fait savoir que sa mère, comme la mienne, était une veuve qui avait fait tout son possible pour que ses enfants réussissent dans les études. Plus tard, nous avons appelé notre entreprise Yakima Paper Supplies en hommage à la ville de Yakima, dans l'État de Washington, là où le juge Douglas a grandi.

Chapitre 12 : Un résumé des 50 dernières années

Je ne suis pas retourné au Ghana depuis 50 ans. Principalement parce que j'ai consacré 20 ans à effectuer des plaidoiries au sujet de nos biens correspondant à une valeur de 2 millions de dollars. Et j'ai passé 20 ans de plus à tenter de les récupérer des griffes d'Emil Hirsch, de juristes malfaisants et du gouvernement américain. Je suis comme Maria Altmann, la femme juive qui a consacré 60 ans de sa vie à se battre contre le gouvernement autrichien pour récupérer la collection d'œuvres d'art de son grand-père. Et elle a fini par gagner.

Chapitre 13 : Retour en arrière ! Est-ce que je referai tout de la même manière ? « Oui ou non »

Une réponse par « Oui » ou « Non » ne refléterait pas nécessairement un constat d'échec ou de succès absolu. Je suis simplement reconnaissant pour toutes les opportunités que cette nation m'a octroyées. Après tout, je suis allé loin dans la vie grâce à ma mère et grâce à mon propre plan de carrière, j'ai acquis des diplômes universitaires et suivi des études dans le commerce et en économie. En outre, je suis devenu millionnaire à l'âge de 50 ans, je suis allé deux fois en Europe et j'ai aidé vingt personnes, dont des proches, leurs proches et des camarades d'école du Ghana et du Nigeria à venir aux États-Unis.

J'ai également appris aux États-Unis à nager et à faire de la voile. J'ai aussi suivi des cours pour apprendre à utiliser un iPad. Avant la pandémie, j'allais à l'église deux fois par semaine à St. Matthews à

DC. J'ai également travaillé comme assistant d'un professeur à l'International Language School à DC. Je rencontre tous les jours des personnes intéressantes venant de n'importe où dans le monde, quand je suis sur la route ou quand je passe des coups de fil commerciaux. Je peux affirmer sans le moindre doute que je suis un vendeur déterminé et qualifié. C'est l'arme secrète qui m'a permis de réussir. J'ai également acquis l'aptitude à me faire des amis et à influencer les gens. Tout cela m'a aidé à rester actif dans le monde des affaires pendant 38 ans.

Mais si je devais tout recommencer, je m'installerais en Suisse à un jeune âge parce que les personnes noires y sont mieux traitées.

D'un autre côté, si j'avais choisi de rester au Ghana juste après mes études secondaires, que j'ai commencées à l'âge de 15 ans et finies à 18 ans, j'aurais pu développer avec mes frères notre plantation de cacao pour qu'elle atteigne une superficie de 500 hectares. Cette activité aurait pu engendrer une source de revenus considérable pour l'ensemble de la famille élargie. On aurait pu épargner de l'argent en vue de la retraite et léguer un patrimoine important à la génération suivante. Cependant, je serais probablement décédé tôt, comme c'est le cas de mes contemporains qui sont morts prématurément au Ghana de cancers de la prostate, du colon, d'hypertension artérielle ou de crises cardiaques. Il y a des maladies pour lesquelles les sorciers vaudous africains n'ont pas de réponse.

En prime, si l'on prend du recul, j'ai réussi à décrypter certaines des énigmes représentées par la société américaine. Par exemple, si j'avais commencé comme livreur pour UPS pour 25 dollars de l'heure, tout en étant inscrit dans un établissement scolaire communautaire, en ayant eu recours à un prêt et étant père de deux enfants à l'Université du Maryland, il est probable que le juge Messitte ne se serait jamais intéressé à moi et ne m'aurait jamais soupçonné d'avoir des revenus importants. Et je n'aurais probablement pas rencontré d'officier de police nulle part, à part pour demander un renseignement sur l'achat de billets de transports publics.

Peu importe, à l'âge de 50 ans, avec ma femme, nous possédions seize propriétés et nous étions millionnaires. Et c'est là que le système américain perd de sa grandeur. Le seul Emil Hirsch, un chargé de recouvrement collaborant avec le juge Messitte, a réussi à m'imposer des ordonnances restrictives et des injonctions qui ont provoqué la perte de nos biens. À un moment, les hommes blancs que nous avions appris à connaître et que nous fréquentions pendant un temps se sont mis à nous éviter à cause de cette histoire qui mélange argent et malchance. Et c'est comme cela que les Américains blancs aident leurs compatriotes à commettre des crimes, en restant silencieux. Nous avons compris qu'un immigré qui n'est pas blanc risque grandement de devenir une cible du FBI, des procureurs américains, des avocats versatiles et des juges, s'il y a un montant conséquent d'argent en jeu dans un litige. Un blanc américain est plus enclin à solliciter les forces de l'ordre pour l'aider à récupérer de l'argent et des biens à un immigré, jusqu'à le ruiner, en utilisant de faux prétextes. En outre, cela importe peu si la victime est menacée de déportation pour la faire taire, comme cela a été mon cas. J'imagine que pour éviter d'attirer trop l'attention sur eux, de nombreux immigrés, en particulier les Hispaniques et les Asiatiques, font exprès de paraître à moitié illettrés. Ils vivent dans leurs enclaves respectives pour préserver leurs biens avant de retourner un jour dans leur pays d'origine.

Avoir pour objectif de venir en Amérique et d'en partir ensuite, cela peut sembler paradoxal. Cependant, la réalité est différente, en particulier pour ceux qui ne connaissent pas le vrai visage de l'Amérique.

Chapitre 14 :

Conclusion

Ces quarante dernières années, le pouvoir américain a été délocalisé subtilement, il a été transféré du Congrès américain et repose désormais entre les mains d'un groupe de personnes qui ne sont pas des élus. Puisque ces individus n'ont pas été nommés par la population, ils ne réagissent pas vraiment aux droits du public. Ce groupe est principalement composé d'officiers militaires à la retraite, de PDG, de juges et de procureurs américains. Ils s'occupent des sales besognes mais aussi des bonnes actions que le Congrès et le pouvoir exécutif ne veulent pas gérer.

Dans l'histoire récente du pays, Richardson, l'ancien gouverneur du Nouveau Mexique, s'est rendu à deux reprises en Corée du Nord pour libérer deux Américains incarcérés dans ce pays. L'ancien président Jimmy Carter est allé en Corée du Nord pour la même raison après avoir quitté la Maison Blanche. Ils ont tous les deux opérés officieusement, sans l'approbation du Congrès.

Ronald Reagan aurait envoyé des intermédiaires en Iran en 1980 pour exhorter l'Ayatollah à ne pas libérer des otages américains avant d'être élu président. Mais cela entrait en contradiction avec la politique américaine de l'époque dont l'objectif était de rapatrier les otages américains. Cette résolution officieuse opportuniste aurait pu sauver la face du président si la situation avait dégénéré, et cela aurait pu provoquer des problèmes de communication dans les plus hautes sphères du gouvernement.

D'autres groupes opèrent officieusement de leur propre chef sans l'aval du Congrès. Parmi eux, il y a R. J. Rosenstein, un procureur fédéral du Maryland. Il a la réputation de recommander des peines très lourdes pour des possessions de petites quantités de crack. En certaines occasions, il est capable de rassembler entre 50 et 100 personnes accusées de trafic de drogue ou de port d'armes illégal afin de les condamner tous à l'occasion d'un seul et même procès. Presque tous ces accusés sont des Noirs. Et la majeure partie d'entre eux pourrait bénéficier de l'obtention d'un stage professionnel dans le cadre d'un programme public, mais ils s'égarent lorsque Rosenstein les a dans son viseur. Cela explique pourquoi il est difficile pour certains de se loger et de trouver un emploi à Baltimore.

Actuellement, des citoyens reprochent à Biden de soutenir la législation anti-crack devant le Congrès. Pourtant, c'est un honnête homme qui n'inciterait pas un juge à imposer une peine de 50 ans de prison à un individu parce qu'il a été interpellé en possession de quelques grammes de crack. Mais Rosenstein, si. Ironie du sort, en Suède, pour le même délit un tribunal aurait fixé une assignation de 6 mois à domicile au prévenu. Toutefois, si l'objectif du système légal américain est de réhabiliter des délinquants et des criminels, alors de toute évidence, cela ne fonctionne pas. Les peines de longue durée et les récidives ont contribué à faire en sorte que beaucoup de Noirs ne parviennent pas à sortir de la misère. Les associés de Rosenstein, qui travaillent également pour un groupe de seconde zone à l'intérieur la nouvelle structure du pouvoir américain, se nomment Michael Schatzow, un ancien procureur américain ; Merrick Garland, le directeur actuel du Département américain de la justice ; le juge Peter J. Messitte et l'ancien juge Alexander Williams, tous les deux du Maryland ; le juge Goodwin de Virginie occidentale et Martin O'Malley, l'ancien gouverneur du Maryland. Ce ne sont pas les Chinois qui menacent les fondations de la

République, mais toutes ces personnes.

Cette classe émergente de dirigeants possède tellement de pouvoir qu'elle a la capacité d'influencer le choix du prochain maire d'une juridiction comme DC et d'accorder des passe-droits à de grandes banques, des réseaux sociaux et des compagnies commerciales comme Amazon ou Walmart. À vrai dire, Biden ne peut rien faire pour empêcher la croissance de cette nuisance. C'est la raison pour laquelle quand quelqu'un lui écrit pour lui en parler, il ne sait pas quoi dire. Il n'a pas la trempe d'un R. F. Kennedy. Par conséquent, ces fripouilles se camouflent derrière le gouvernement et ne cessent d'ébranler la sécurité dans notre pays et à l'étranger.

Nous avons également été affectés par l'appauvrissement des relations entre les citoyens lambda et le gouvernement fédéral. Aujourd'hui, quand un civil entend parler du gouvernement, il en a peur et craint l'IRS, la DEA et le FBI. Pourtant, je me souviens d'une époque relativement récente, il y a 30 ans, où l'on pouvait se rendre dans les couloirs du Pentagone et du General Services Administration[57] (GSA) et y circuler librement, sans aucun problème. À cette époque, le Pentagone et le GSA avaient reçu la consigne de la part du président Reagan de se fournir en priorité auprès des petites et moyennes entreprises avant de se laisser tenter par les offres tarifées alléchantes de General Electric, General Motors, Ford, etc. Cependant, de nos jours, quasiment toutes les agences

---

[57] L'United States General Services Administration Building est un immeuble de bureaux de Washington, aux États-Unis. Construit en 1917 pour abriter des services du Département de l'Intérieur des États-Unis, il accueille le siège de l'Administration des services généraux.

gouvernementales américaines, du Département de l'emploi jusqu'au GSA, ont fermé leurs portes aux petites gens. Globalement, cela a pour effet de restreindre les relations entre les citoyens et leur gouvernement. En tout cas, si les citoyens ignorent ce qui se passe derrière les portes verrouillées du gouvernement et qu'en prime leur contribution dans les prises de décision du gouvernement n'est plus considérée à leur juste valeur, en dépit de leur statut de contribuable, cela fait d'eux des citoyens de seconde zone. Voici un visage de l'Amérique que même des personnes nées ici ne connaissent pas. À l'inverse, comme le gouvernement ne sait pas spontanément ce que font les gens dans la rue, il a décidé de recourir à la surveillance et au contrôle des agissements de ses propres citoyens.[58] Cela a provoqué le mécontentement de nombreux Américains, qui n'ont plus confiance en leur gouvernement.

Il est possible que l'insatisfaction des Américains et l'impossibilité d'accéder librement aux tribunaux,

---

[58] Lire le New York Times, paru en avril 2021, qui rapporte le témoignage d'un juge fédéral qui reproche à l'Oncle Sam cette méthode.

conjuguées aux comportements inappropriés de juristes comme Rosenstein, représentent une plus grande menace pour les fondations de la société américaine que la croissance économique de la Chine, ou que du renouveau du Japon, un pays qui pourrait prendre sa revanche à la suite des conséquences inhérentes à la bataille de Pearl Harbor. Ce pays devrait enlever le voile qu'il a devant les yeux avant de suggérer à d'autres nations de le faire, puisque cela nous aiderait à identifier la nature de nos problèmes et à trouver des solutions pour les résoudre efficacement. Sans aucun doute, il serait sage de la part du gouvernement d'agir avec transparence et de permettre à ses citoyens d'accéder librement à ses bâtiments les plus importants. Ainsi, cela renforcerait la capacité de notre pays à se défendre contre nos ennemis étrangers. Par conséquent, les tentatives de contester l'autorité, comme cela s'est produit le 6 janvier 2021[59], s'estomperaient.

---

[59] L'assaut du Capitole des États-Unis a lieu à Washington D.C, le 6 janvier 2021 dans le contexte des contestations des résultats de l'élection présidentielle américaine de 2020. Des milliers de manifestants radicaux se réunissent pour une manifestation à l'invitation du président sortant Donald Trump, qui incite des centaines d'émeutiers à se lancer

Enfin, malgré le fait que j'ai mis en évidence de nombreux dysfonctionnements aux États-Unis, il est également de mon devoir de contribuer à améliorer le fonctionnement de notre société, de la même manière que l'Amérique m'est venue en aide. Ainsi, je me suis adapté et je fais du mécénat, j'effectue des dons financiers chaque année à des écoles, des lycées et des

---

à l'assaut du bâtiment dans une tentative de bloquer la certification des résultats du vote du collège électoral de l'élection présidentielle américaine de 2020 et la victoire du président élu Joe Biden, alors que le 117e congrès des États-Unis est réuni au Capitole pour effectuer cette étape finale du processus électoral.

institutions. Voici une liste non exhaustive de ces établissements :

- Husson University
- Boston College
- Northeastern University
- Worcester State University
- Holy Cross College
- Clark University
- University of Maryland, College Park
- University of Maryland Medical School
- George Washington University
- Les Shriners ou AAONMS : un Ordre arabe ancien des nobles du sanctuaire mystique, à

savoir une société paramaçonnique nord-américaine fondée par Walter M. Fleming et William J. Florence à New York dans les années 1870.
- La Communauté internationale des Chrétiens et des Juifs, une organisation philanthropique fondée en 1983 par Yechiel Eckstein dont la mission déclarée est de promouvoir la compréhension et la coopération entre Juifs et Chrétiens et de fournir une

aide humanitaire à l'État d'Israël.

- Wounded Warriors, une association caritative américaine à but non-lucratif qui a pour mission d'aider les vétérans de l'Armée. WW propose différents programmes, services et événements en faveur des vétérans blessés au cours de leur service militaire et qui ont développé un handicap physique, une maladie mentale ou n'importe quelle autre pathologie à vie.

- Paralyzed Veterans, l'association des anciens combattants paralysés d'Amérique a été créée en 1946 pour répondre aux besoins des anciens combattants handicapés.
- The Salvation Army, l'Armée du salut, un mouvement international protestant fondé en 1865 par William Booth, pasteur méthodiste, dans les districts pauvres de Londres.
- Une école pour filles située en Afghanistan

- Il y a également un groupe de filles habitant à Balizenda, en Éthiopie. L'agence des États-Unis pour le développement international nous a aidés à distribuer de l'argent et des produits d'hygiène là-bas. En fait, dans ce cas précis, ma femme a réglé la créance d'une jeune éthiopienne qui ne pouvait pas aller à l'école parce qu'elle devait travailler pour le compte d'une autre famille afin de rembourser une dette contractée par la sienne.

- Worcester Polytechnical Institute
- Boys Town dans le Nebraska
- L'École Saint-Joseph du Dakota
- Le lycée Saint-Ignatius, un établissement pour garçons, à Baltimore dans le Maryland.
- Avant le décès de ma sœur Regina en 2007, elle a suggéré que je fournisse à son école de Kwabenya au Ghana des stylos, des crayons et des blocs-notes. Ainsi, je leur ai donné environ mille stylos et crayons.

- Entre 2000 et 2020, j'ai envoyé des livres à des directeurs de différents établissements pénitentiaires :
    o FCI Danbury, Connecticut
    o CI NE Ohio Correctional Center, Youngstown, Ohio
    o FCI Cumberland, Maryland
    o Maryland Correctional Institution for Women Jessup, Maryland (établissement correctionnel pour femmes)
    o DOC, Baltimore, Maryland
    o FCI Beckley, Beaver, Virginie occidentale
    o DC Jail, Washington, District of Columbia
    o Baltimore Pre-Release Unit for Women, Baltimore
    o Metropolitan Correctional Center, New York (le centre correctionnel métropolitain de New York)
    o Alternative and Special Detention, Philadelphie, Pennsylvanie
    o Loudoun County Detention Center, Leesburg, Virginie

- Cook County Department of Corrections, Chicago, Illinois (la prison du comté de Cook)
- Pitchess Detention Center-East Facility, Castaic, Colorado
- Fairfax Detention Center, Fairfax, Virginie

Comme cette liste le montre, mes intentions en tant que donateur étaient en premier lieu d'aider des individus à venir dans ce pays ou à obtenir des traitements ou des soins médicaux auxquels ils n'avaient pas accès pour des raisons financières. Mais j'ai changé mon fusil d'épaule il y a dix ans de cela, pour permettre à un public plus élargi de profiter également de mes dons.

Une affaire illustre parfaitement mon point de vue. Il y a trois ans, j'ai sollicité le représentant du DC Council for Ward 3, le Conseil public d'un secteur de la ville, pour rénover le bâtiment des services postaux américains situé à Cleveland Park, une banlieue de Washington, DC, parce qu'il était délabré. En outre, j'ai démarché par mail différents membres du Congrès pour les convaincre de trouver des fonds pour le rénover. Finalement, cette entreprise a réussi et il a été rénové. Aujourd'hui, les résidents de Connecticut Avenue et d'Ordway à

Cleveland Park bénéficient d'un tout nouveau bureau de poste.

J'ai hérité de ce trait de caractère de ma mère, qui était considérée comme une Sainte. Elle était tellement aimable qu'elle aidait ses proches et ses voisins tout le temps. Par exemple, une fois, elle a aidé l'un de mes amis. Ses parents ne disposaient pas de l'argent nécessaire pour l'inscrire dans une école dirigée par des missionnaires, à l'époque où les Britanniques étaient à la tête de nos écoles. Ma mère a résolu le problème, elle a discuté avec le directeur de l'école qui a accepté de leur faire grâce des frais de scolarité. Des années plus tard, ce garçon est devenu un mathématicien reconnu au Ghana, mais ma mère n'a jamais tiré la couverture à elle.

De la même manière, je me suis efforcé de venir en aide à mes frères et sœurs, à des veuves et à d'autres personnes. Récemment, il y a trois ou quatre ans, le révérend Walter Fauntroy, un ancien partenaire du leader des Droits civiques, Martin Luther King, Jr, était embourbé dans une affaire commerciale avec une femme vicieuse qui avait presque obtenu son incarcération pour un chèque en bois. Quand un ami a sollicité mon aide dans cette histoire, j'ai réuni 22 000 dollars pour le révérend Fauntroy afin de rembourser sa créancière et de mettre fin à la procédure de saisie de sa maison. Quand cette affaire a été résolue, le révérend Fauntroy a oublié tout des hommes de terrain comme moi qui ont fait ce qu'il fallait pour lui éviter d'aller en prison.

J'avais également un ami éthiopien, Anafi, qui était à moitié aveugle. Comme il ne pouvait pas régler des frais médicaux s'élevant à 9 100 dollars, je l'ai amené voir le Dr

Ashburn à McLean, en Virginie. Le docteur a soigné ses yeux gratuitement. Voici le genre d'actions que j'accomplis et qui me rendent heureux. Je dois ce goût de l'altruisme à ma mère. En prime, ma femme a également aidé de nombreuses personnes sans rien attendre en retour. Toutefois, je pense que le moyen le plus efficace d'aider les gens n'est pas de régler leurs problèmes à leur place, mais plutôt de leur donner les moyens d'y parvenir.

Pour résumer cette belle histoire, je dirais que j'ai appris tellement, pas seulement sur moi-même et sur les autres Noirs, mais j'ai appris aussi des Nègres américains, et également de ce pays dans son ensemble. Et je lui en suis reconnaissant.

      Écrit par David Kissi,
      âgé de 72 ans

Remerciements

Merci d'avoir pris le temps de lire mon livre !

Tous vos retours sont appréciés, je suis curieux de savoir ce que vous avez à dire. J'ai besoin de votre contribution pour améliorer ce livre et mes prochains ouvrages. Je vous prie de donner votre avis sur Amazon, dans le but de m'aider et pour savoir ce que vous en avez pensé.

Merci beaucoup !

David Kissi

www.ingramcontent.com/pod-product-compliance
Lightning Source LLC
Chambersburg PA
CBHW020624220526
45464CB00001B/18